4552
A

MEMOIRES
DE
MESSIRE GASPAR
DE
COLLIGNY,

SEIGNEVR DE CHASTILLON,

Admiral de France.

Mus-A Tab-130

A PARIS,

Chez FRANÇOIS MAVGER, au qua-triéme pillier de la grande Salle du Palais, au Grand Cyrus.

M. DC. LXV.

Ex libris ff. Praedic. Parisiensium ad S. Honoratum

PREFACE.

IL pourroit estre qu'il y en auroit aucuns, qui, pour n'auoir leu ces Memoires tout au long, & auoir mis le nez dedans seulement, ou par faute de bon iugement, estimeroient que ie les eusse fait par forme de iustification : Mais, deuant que d'entrer plus auant à la lecture d'icelles, ie supplie vn chacun, d'oster cela de son opinion, pour deux raisons principales. La premiere, qu'il n'est point besoin de se iustifier, quand l'on n'est accusé de personne, & que ie me sens si net en ce qui touche mon honneur, que ie ne crains point le pouuoir estre. La seconde est, que, quand ie le serois d'aucun, ie sens mon cœur assis en assez bon lieu, pour le pouuoir deffendre comme il appartient à vn Gentil-homme, homme d'honneur & de bien, & pour en pouuoir respondre à vn chacun selon la qualité, sans venir aux escritures, ni en faire vn procés, comme font les Aduocats. Ie veux bien aussi declarer la raison, qui m'a meu à faire ces Memoires. Afin que chacun l'entende, c'est que me trouuant prisonnier apres la prise de la Ville de S. Quentin, me souuenant que nous n'auons rien de certain en ce monde que la mort, & au contraire rien de si incertain que l'heure d'icelle : i'ay bien voulu mettre par escrit, comme toutes choses se sont passées sous ma charge, depuis le iour que ie partis de Pierrepont : où ie laissay Monsieur le Connestable auec l'armée : iusqu'à celuy que ladite ville fust prise d'assaut. Car il me semble qu'il n'est rien plus raisonnable, que ceux qui sont employez aux chargent en rendent eux-mesmes conte fidellement. Et ne fust-ce que pour une seule raison; laquelle est; qu'il aduient ordinairement, que ceux qui ont esté en mesme lieu, en parlent indifferemment. Les vns, pour faire penser, que rien ne leur estoit caché. Les autres, qui sont si aises de parler, que de ce mesmes dont ils ne sçauent rien, ils en veullent rendre conte. Il y en a d'autres, qui en parlent selon leur passion, soit qu'ils veullent bien ou mal aux personnes. D'auantage, qu'il y a tant de sortes de d'Escriueurs, & mesmes aux pays Estranges, qu'il ne se faut point esbayr, si ceux-là sont bien souuent mal informez des affaires qui passent loin d'eux, quand mesmes ceux qui sont sur les lieux en parlent diuersement pour les raisons cy-dessus declarées. Parquoy, tout bien consideré, il me semble estre plus raisonnable, que ceux qui tiennent la queuë de la poste, redigent telles choses par escrit, que nuls autres; afin qu'ils mettent la verité nuë, sans la farder ou couurir. Autrement ils devroient auoir grande honte, si en aucune chose ils sont desdits, & ne sont trouuez veritables. Car cela pourroit faire penser, qu'en tout le reste, de ce qu'ils auroient mis par escrit, il y pourroit auoir du déguisement. Ie proteste donc, que tout ce qui s'ensuit, est fidellement escrit: & s'il y a quelque omission, il me semble que ce n'est point des principales choses, ie prie ceux qui liront ce discours de m'en vouloir aduertir. Ie n'y ay point specifié les iournées, pour n'en estre assez seurement memoratif, & pour ne point errer.

Memoires

MEMOIRES DE MESSIRE GASPAR DE COLLIGNY,

SEIGNEVR DE CHASTILLON, Admiral de France,

SVR les confins de la Bresse, pas loin de la Franche Comté, il y a vn ancien village nommé Colonia, & & par corruption Colognac, auec vn Chasteau sur le haut, qui ayant autrefois servy de forteresse pour la deffence du voisinage, en a de longue memoire au langage du païs retenu le nom. Et les Seigneurs portans anciennement celuy de Colognac, ont esté depuis d'vn mot corrompu par les François, appellez de Colligny. L'ancienne opinion des habitans du lieu, qui ne s'esloigne pas de ce que Cesar en escrit, que ce fut le mesme où menant son armée en Gaule, il oüit les plaintes que les Ambassadeurs de Bourgogne & du Barrois luy firent des Suisses, qui passans leurs troupes en la Gaule pilloient leurs païs. Ce qui semble se rapporter à ce que la prochaine Colline retient encore le nom de *Iuly*, & le village qui est auprés celuy de *Cesiria*. Mais il est constant, que les Seigneurs de Colognac ont eu cy-deuant des terres & possessions de grande estenduë en ces quartiers-là; & qu'il n'y à pas long-temps que les villes de Nantua & Montlouet, & leurs dependances estoient de leur Domaine.

Dequoy sans les autres preuves, on a celles des mesures, dont vsent les Villes, Bourgs & Chasteaux voisins, qui s'appellent de Colognac, & y ont tousiours esté attribuées par les habitans de ces lieux-là. Les armoiries (selon l'ancienne & ordinaire Coustume des Illustres & Nobles familles) de la maison de Colligny sont vne aigle couronnée, & se voit certainement que ces Seigneurs auoient droit de Souueraineté, (anciennement dit des Regales) à sçauoir, de vie & de mort sur leurs Sujets, donner grace, restablir en leur entier les condamnez, battre monnoye marquée de l'aigle couronnée, & selon la necessité imposer tailles à leurs Sujets & vassaux : & pourtant à cause de leurs grandes richesses, ils ont fondé nombre de benefices, doüez de grands reuenus : comme l'Abbaye de Mireüil en la Vicomté d'Auxonne, celle de Montmerle & de Ceillon en Bresse, & de Colognac en Bourgogne : & par mesme droit ont donné des privileges & immunitez à Colognac & autres villes, comme à Creffort, Iasseron, Saint Germain, d'Aubeneu, Ambournay, & Poncin, que leurs habitãs auoüent encore aujourd'huy tenir des Princes de Colognac. On trouve en l'Abbaye de Mireuil les anciens tiltres, faisans mention qu'en l'année mil cent quarante six, Humbert de Colligny ayant suiuy l'Empereur Conrard troisiesme, lors qu'avec vne puissante armée il passa en Orient pour la conqueste de Ierusalem, estant pour quelque occasion reuenu en sa maison, peu de temps apres se prepara pour y retourner, menant avec luy six de ses enfans, Guerric, Guillaume, Humbert, Guy, Dalmace & Bernard. Et par les mesmes enseignemens, & de quelques autres Abbayes, il se connoist, que de Guerric vint Humbert Seigneur de Colligny, & d'Andelot pere de Amé, & en suite Estienne, Iean, Estienne, Iean, Iacquet, Guillaume Seigneur de la

Baronnie de la Motte, Saint Iean au Duché de Bourgogne, & de la Ville & Chasteau de Chastillon sur Loing en France : duquel vn autre Iean estant issu eut Gaspar pere de l'Admiral. Ainsi la memoire de cette Illustre & tres-noble maison a esté prés de cinq cens ans conseruée dans les mouuemens publics ; & ses tiltres particuliers. Ce Gaspar pere du nostre a fleury sous le Roy François I. & fut marié à Louyse de Montmorency sœur d'Anne Connestable de France : & d'autant qu'il demeuroit à Chastillon, & en estoit Seigneur, il en porta le nom suiuant la coustume de France, comme a fait sa posterité. Le valeureux Martin du Bellay au second liure de ses Commentaires de l'Histoire de son temps, en rend vn excellent tesmoignage à peu prés en ces termes. L'an 1522. L'Admiral de Bonniuet, ayant pris Fontarabie en la Frontiere d'Espagne, aussi-tost qu'il fut de retour en France auec ses forces, l'Espagnol auec vne puisſante armée commença d'y mettre le ſiege, durant lequel prés d'vn an, les aſſiegez reduits à l'extréme neceſſité de toutes choſes, ſe trouverent en tres grand peril : dont le Roy eſtant adverty, mande au Mareſchal de Chaſtillon de mettre le plus promptement qu'il pourroit ſon armée ſur pied pour les ſecourir, où marchant à grande iournées, comme il approchoit de Bayonne, il mourut en la ville d'Ax, le quatrieſme d'Aouſt 1522. qui fut vne grande perte pour eſtre homme experimenté & de credit, & laiſſa trois enfans, Odet, Gaſpar, & François. Quant à ſa femme, c'eſt vne choſe memorable, qu'ayant eſtably vne ſi ſainte forme de vie, qu'elle eſtoit tenuë pour vn rare exemple de chaſteté. Eſtant Dame d'honneur de la Reyne Eleonor, femme du Roy François I. elle rendit en mourant les témoignages de la vraye & pure Religion qu'elle auoit reconnuë : Car ayant continuellement en la bouche ce paſſage du

Pseaume de Dauid, *Et sa misericorde sera de generation en generation sur ceux qui le craignent*, elle exhorta son fils aisné Odet, qui estoit desia Cardinal, & luy deffendit expressement qu'aucun Prestre ne luy fust amené, disant que Dieu par vn singulier bien-fait, luy auoit ouuert le moyen de le craindre & seruir en toute pieté, & de sortir des liens de ce corps pour monter au celeste sejour: & ainsi mourut à Paris en l'Hostel de Mont-morency l'an mil cinq cens quarante sept. Odet son aisné fut dés l'âge de seize ans fait Cardinal, par le Pape Clement septiesme, estimant que la grandeur de cette maison seroit propre à la conseruation des grands biens qu'il avoit en France, & fut pourveu par le Roy de riches & opulens Benefices. Par ce moyen la prerogative qui est deuë à l'aisné, reuint au second, qui estoit Gaspar, nay le 16. Fevrier 1517. qui de son enfance faisant paroistre d'admirables marques de son courage & de son esprit, sa mere apres la mort de son pere, le fit instruire aux bonnes Lettres, & luy donna pour Precepteur Nicolas Berault, l'vn des plus sçavans personnages qui de ce temps-là fust en France, ensemble d'autres Maistres experimentez en la discipline militaire, & en l'exercice des armes: Desquels ayant pris l'instruction, & parvenu à l'âge de vingt-quatre ans, comme Monseigneur le Dauphin assiegeoit la ville de Bains, il monstra en cette attaque vne merveilleuse promptitude & vigueur, du Bellay rapportant au dixiesme livre de son Histoire de l'an 1543. qu'il fut blessé à la gorge d'vn coup de balle pour s'estre approché trop prés du fossé. En cette mesme année, le Roy ayant receu nouvelles, que l'estat des affaires de la Lombardie estoit tel, qu'il y avoit apparence d'vn prochain combat, nostre Gaspar aprés avoir demandé congé au Roy, prit la poste, pour se trouver comme il fit à la bataille de Serisoles, où il donna de grandes preuves de sa valeur, selon le recit du mesme Autheur au dixiesme de ses Commentaires. Ce qui fut cause que peu d'années apres, le Roy Henry second l'honora d'vne haute charge, qui estoit le commandement de toute l'Infanterie Françoise, comme Anne de Mont-morency son Oncle maternel avoit celle de Connestable: en laquelle il se gouverna si bien, qu'en peu de mois il s'acquit vne grande loüange de iustice, valeur & prudence, & l'affection de tout le peuple. Car comme auparavant la vicieuse coustume se fut envieillie; que les Soldats sous leur enseigne s'escartans, ne faisoient que piller & ruiner tout; il resserra sous des loix plus estroites la discipline militaire, & ses debordemens, & sur tout l'execrable licence des juremens & blasphemes: D'où apparut desjà lors en son esprit la vraye semence de pieté & de religion: Les Loix ayans esté approuvées de tous les gens de bien, furent incontinent publiées par commandement & au nom du Roy, & redigées dans le Volume des Ordonnances Royaux. En mesme temps il receut du Roy l'honneur d'estre fait Chevalier de l'Ordre, qui estoit lors vne grande dignité, mais aujourd'huy fort ravalée. L'inimitié commençoit de se former en ce temps-là entre le Roy, & Henry Roy d'Angleterre, sur le sujet de la ville de Boulogne, qui par les articles de la paix faits peu auparavant, avoit esté engagée à l'Anglois : duquel le Roy se deffiant, il commit à nostre Gaspar la conduite de tout ce pays-là, & de toute l'affaire : qu'il n'eust pas plustost receuë, qu'arrivé en Picardie, où le Roy avoit envoyé ses troupes pour le siege de cette Ville, il y fit faire assez prés, & d'vn singulier artifice vn Fort, qui à cause de son Autheur porte encore aujourd'huy le nom de Chastillon, pour servir de garnison & deffence aux François, & d'empeschement à ceux de la Ville de faire des courses ; & qui apporta vn grand advantage pour sa prise & pour la victoire: Tellement que peu apres les Anglois commencerent à capituler, dont tout le soin fut remis sur luy, & sur la Rochepot son Oncle maternel. Apres ces choses estant revenu en Cour, il fut en suite de quelques années fait Admiral de France, qui est vne tres-grande dignité, en ce qu'elle a souverain commandement sur toute la partie de la mer Oceane qui est aux costes de la France, & sur toutes les armées navalles & vaisseaux. Il fut aussi pourveu des gouvernemens de Picardie & de l'Isle de France, & honoré des charges de Capitaine de cent hommes d'armes, & de Conseiller du Roy en ses Conseils d'Estat & Privé. L'année suivante, qui fut l'an 1554. l'Empereur Charle V. & Marie Reyne de Hongrie, ayans ioint leurs forces, & faisans vne rude guerre au Roy, l'Admiral seul, du consentement de tous les gens de bien, fut esleu contre de si puissans ennemis, son bon conseil & sa vertu estans iugez propres pour y resister. De sorte que toute la charge d'vne tres-aspre & tres-redoutable guerre, qui regardoit principalement la Picardie, luy fut commise, & d'assembler les troupes sur la frontiere du Pays-bas: L'vnion de tant de forces, & de si grands ennemis, avec la reputation de Charles Quint qui estoit espanduë par tout, & la faute que le Roy avoit d'argent, & de toutes autres choses & preparatifs necessaires à la guerre, donnoient vne incroyable crainte à la France, & sembloit que sans doute entre tant de difficultez, sa ruine s'approchoit. Dont l'Admiral ayant donné advis au Roy, & consideré avec ses amis, il iugea qu'il n'y avoit meilleur expedient que de chercher le remede dans vne Tréve. Ce qui ayant esté approuvé du Roy & de son Conseil, toute la negotiation luy en fut remise: laquelle en peu de iours fut achevée au grand contentement d'vn chacun;

auec vne singuliere loüange d'avoir par ce moyen conserué sa patrie: d'autant plus que les conditions de la tréve estoient honnestes & profitables. En ce mesme temps ceux de Guise, qui sont issus de la maison de Lorraine, publierent, que les Royaumes de Sicile & de Naples leur appartiennent, & que l'Espagnol les a injustement usurpez sur leurs predecesseurs, & persuaderent au Roy, que les années precedentes ils s'estoient acquis par bienfaits & promesses vne bonne partie de la Noblesse de Naples, qui leur donneroit vne facile entrée dans ce Royaume là, s'il plaisoit à sa Majesté de confier entre leurs mains vne partie de ses forces, auec lesquelles ils le reduiroient dans peu de temps sans aucune difficulté en son obeissance: tellement que par ce conseil de ceux de Guise, la tréve, qui peu de mois auparavant auoit esté jurée, fut violée, au grand deshonneur de la nation Françoise, & regret de l'Admiral, à cause d'vne telle perfidie : dont il ne se pouvoit lasser de dire, que les euenemens estoient toûjours funestes, & Dieu vengeur indubitable, & en tous siecles, des parjuremens. Dauantage, il se voyoit par ce moyen contraint d'aller par commandement du Roy en son gouvernement, pour y prendre contre la paix & foy donnée, des conseils & pratiques de guerre. D'où procederent premierement les mes-intelligences, & depuis les inimitiez capitales, qui furent entre eux, & qui s'accrurent lors aussi, de ce que le Roy ayant permis le duel sur la frontiere de Picardie à deux Gentilshommes, l'Admiral, encores que le Duc de Guise fust present, estima d'y devoir presider, comme se faisant en la Province de laquelle il estoit Gouverneur. On raconte encores vn autre motif de la haine du Duc de Guise contre l'Admiral, qui est, qu'ayans esté dans leur jeunesse si estroitement liez d'amitié, & que pour le témoigner dauantage, ils s'habilloient de mesme façon & couleur, ledit Duc ayant demandé advis à l'Admiral sur le dessein que son frere d'Aumale auoit d'épouser la fille de la Seneschalle du Valentinois, autant fauorisée du Roy, que blâmée des gens d'honneur; il luy fit response, qu'il estimoit plus vn peu de bonne reputation que beaucoup de richesses. Ce qui fut fort desagreable aux deux fréres, comme estant pour les détourner de s'accroître en pouvoir & dignité. Or aussi-tost que le Roy eut l'advis que les forces Espagnoles s'assembloient sur la frontiere du Païs-bas en vn mesme lieu, & qu'il falloit promptement pourveoir à la Picardie, il jugea estre à propos que l'Admiral que nous auons dit cy-dessus, en auoir le gouvernement, s'y acheminast auec quelques troupes: mais à peine auoit-il fait deux journées, qu'il apprit par ses espions, que le dessein des Espagnols estoit d'assieger Sainct Quentin, ville de Picardie assez renommée, & de la battre de grand nombre de pieces d'artillerie; & pareillement par les lettres du Breuil, Gouverneur de Han, qu'aussitost que ce bruit estoit arriué aux oreilles des habitans du lieu, ils en auoient pris vne telle épouvante, que plusieurs chefs de famille abandonnoient tout, & ne pensoient qu'à s'enfuir, auec leurs femmes & leurs enfans. Ce que l'Admiral ayant connu, & qu'il le falloit dissimuler aux siens, & leur monstrer au contraire toute sorte d'allegresse, y marcha droit à grandes journées. Et comme Iarnac & Lausarche, ausquels il auoit donné le commandement de la Caualerie, s'efforçoient de l'en destourner, luy representans que la ville n'auoit ny fortifications, ny viures, ny habitans qui ne tremblassent de peur, & que l'ennemy s'y trouveroit deuant que l'on eust pourveu à ce qui estoit necessaire pour la deffence de la place; outre qu'il y auoit plus d'auantage & de loüange de faire la guerre en pleine campagne, que non pas estans renfermez dans des murailles ; ne pensans qu'à se sauver. Mais l'Admiral demeurant ferme en sa resolution, leur remonstra de quelle importance estoit cette place pour repousser l'effort des ennemis contre leur patrie, & à sa perte, & pour le salut de la Province qu'il auoit en charge ; & quelle occasion il donneroit à ses ennemis & malveillans s'il changeoit d'aduis. Le lendemain sur le rapport qui luy fut fait que la plus-part des Soldats, qui par le commandement du Roy luy auoient esté destinez pour la deffence de la place, & que pour en asseurer les habitans il auoit deuancez d'vne seule nuict, s'enfuyans de peur, & se cachans dans les forests, s'estoient par chemins destournez & retirez en leurs maisons ; de sorte que ce iour là il n'auoit esté suiuy que d'enuiron six vingts, & celuy d'apres de pareil nombre. Ce qui ayant esté reconnu de l'ennemy par ses espiōs, il inuestit tout aussi-tost la place, & commença la circonuallation : & s'estant rendu maistre de quelques maisons du faux-bourg, & s'approchant du fossé par tranchées, l'Admiral par vne sortie y fit mettre le feu auec des fagots de serment, & repoussa l'Ennemy plus loing. Le lendemain ayant fait le tour de la ville, & reconnu tous les endroits qui estoient sans rampart & fortification, il commença d'en auoir mauuaise opinion, & craindre vn siege opiniastré, toutefois puis que son destin l'obligeoit à deffendre la place, & repoussant l'effort de l'Ennemy, empescher la ruine de son pays, ou de mourir courageusement pour ce sujet : il n'oublia rien pour la fortifier, remparer & retrancher, autant que le soing, le trauail, & la vigilance le peurent faire, & y portoit le premier la main sans en partir, afin de monstrer l'exemple aux habitans, Soldats & Gentilshommes volontaires, qui s'y estoient jettez auec luy : qui surchargé de tant d'affaires, fut soudain aduerty contre son attente, que son frere d'Andelot, duquel nous auons parlé cy-dessus, estoit entré dans la ville, auec enuiron cinq cens soldats. Le Roy aussi sur l'aduis qu'il luy auoit donné du peril où la place se trouuoit, fit commandement au Connestable de s'y en aller auec quelques troupes de Cavalerie, & y mettre des viures, & vne plus forte garnison: mais les Espagnols l'ayans attaqué de tous costez, defait & pris, & rechassé dans la France le reste auec grand perte, cette nouuelle arriuée dans la ville y apporta vn tel estonnement, qu'il ne restoit presque plus de lieu à toutes les remonstrances de l'Admiral. Dequoy estant fort affligé, & du danger où se trouuoit son pays, il fit faire vne assemblée, où apres auoir representé qu'il falloit tenir plus de conte de sa patrie que de sa vie, il obligea tous les Bourgeois & Soldats de jurer apres luy, que le premier qui parleroit de se rendre, meritoit la mort, & pouuoit estre impunement tué. Les Espagnols glorieux d'vne si grande victoire, estans retournez à leur siege, ne cesserent vingt jours durant de battre la place, conduisans leurs tranchées par certains détours, & à la faveur de quelques murailles dont ils se couvroient, pour approcher du fossé auec plus de facilité & de seureté. L'Admiral voyant qu'vne bonne partie de la muraille estoit ruinée par vne continuelle batterie, la bresche fort large, & l'Ennemy prest à donner l'assaut, apres auoir encouragé les soldats à le soustenir, s'asseurant que s'il estoit repoussé, il ne se mettroit pas aisément au hazard d'vn second, prit l'endroit où il vit vne plus grande bresche, & s'y arresta pour la garder, laissant à son frere, & à ses amis la deffence des autres. Mais l'Ennemy redoutant le lieu où il l'apperceut, & la vigoureuse resistence qui s'y feroit, força la place par deux autres endroits; ce qu'estant sceu par l'Admiral, laissant en son poste ceux dont il s'asseuroit le plus, s'encourut à la prochaine bresche, qu'il trouua forcée, & toute cette partie de la ville pleine d'Ennemis. Il n'estoit accompagné que d'vn jeune Gentilhomme de sa nourriture, nommé Auantigny, d'vn vallet de chambre, & d'vn page qui portoit sa pique, qui furent aussi-tost enuelopez & attaquez de quelques Espagnols, & l'Admiral reconnu pris, & apres la prise de la Ville enuoyé à l'Ecluse, où il tomba grandement malade d'vne fievre de quarante jours, de laquelle commençant à se guerir, il se fit apporter la Sainte Escriture, pour en la lisant y auoir consolation, & soulagement de ses ennuys : & s'y addonna tellement, qu'il commença dés-lors à prendre quelque goust de la pure Religion & vraye pieté, & du vray moyen de prier & seruir Dieu. Et apres auoir payé cinquante mil escus de rançon, & qu'il fut de retour en sa maison, & en repos, estant lassé des partialitez & intrigues de la Cour, & pensant serieusement à la Religion, il remit par permission du Roy, à son frere d'Andelot, la charge de Colonnel de l'Infanterie, & à son cousin le Mareschal de Montmorency fils du Connestable, le Gouuernement de l'Isle de France : & peu de temps aprés enuoya vn des siens au Roy, pour le supplier tres-humblement, que desirant de luy remettre celuy de Picardie, il pleust à sa Majesté d'auiser de la personne, entre les mains de qui elle auroit agreable qu'il en fist sa demission. A quoy le Roy respondit, qu'il trouuoit ce dessein bien estrange, & que ce n'estoit pas estre bien aduisé, que de se défaire tout d'vn coup de tant de charges & commandemens; ce qui dés ce temps-là donna sujet à plusieurs d'entrer en soupçon qu'il auoit changé de Religion. Estant bien vray qu'il fit paroistre que son esprit estoit du tout esloigné d'ambition & conuoitise de grandeur & puissance. Or le Roy Henry estant decedé, & François second encores fort jeune, luy ayant succedé, & pris en mariage Marie Reyne d'Escosse, fille de la sœur du Duc de Guise, ceux de sa Maison, qui en cette consideration tenoient le premier rang de faueur, & d'authorité auprés du Roy, par leurs discours luy faisoient souuent passer, comme vn leurre deuant les yeux, le royaume d'Angleterre, comme appartenant de droit à leur Niepce, & communement estoient appellez Oncles du Roy. Ce que l'Admiral ayant reconnu, & que leur inclination, cruelle, barbare, & fiere, ne s'abstiendroit jamais de turbulens conseils, & sur tout de persecuter la Religion, il reuint à son premier aduis, & resolut la demission de son gouuernement: dont il aduertit Louis de Bourbon Prince de Condé, qui auoit espousé la fille de sa sœur, afin qu'il le demandast au Roy, & ainsi deschargé de soing & d'affaires qui destournoient son esprit de penser à la Religion, il demeuroit en sa maison de Chastillon, d'autant plus volontiers, que Charlotte de la Val sa femme d'une illustre & ancienne race y estoit tellement portée, qu'elle ne cessoit de le solliciter à rejetter toute superstition & seruice des idoles, & d'embrasser de tout son cœur la Religion vrayement Chrestienne. Dont l'Admiral se voyant estre si souuant, & auec tant d'affection pressé d'elle, il resolut de luy en parler vne seule fois, comme il fit; luy represen-tant bien au long, que depuis tant d'années il n'auoit veu ny ouy dire, qu'aucun, soit en Allemagne ou en France, qui eût fait profession ouuerte de la Religion, ne se fust trouué accable de maux & de calamitez; que par les Edits des Roys François premier & Henry second, rigoureuse-ment obseruez par les Parlemens, ceux qui en estoient conuaincus deuoient estre brûlez vifs à petit feu en place publique, & leurs biens confisquez au Roy. Toutesfois si elle estoit disposée auec tant de confiance à ne refuser la condition commune de ceux

ceux de la Religion, que de son costé il ne manqueroit point à son deuoir. Sa responce fut, que cette condition n'estoit pas autre que celle qui auoit tousiours esté en l'Eglise de Dieu, & ne doutoit point qu'elle n'y demeurast iusques à la fin du monde. En suitte dequoy s'estans donnez la foy l'vn à l'autre, l'Admiral commença peu à peu d'amener par pieux discours ses domestiques & ses amis à la connoissance de Dieu, & leur donner à lire non seulement la Bible, mais aussi les liures qui estoient en François sur le sujet de la Religion, & deffendit les blasphemes & sermens execrables trop ordinaires en France, & principalement en la Cour. A mesme effet il mit des gens de bien pour gouuerner & instruire ses Enfans. De sorte qu'en peu de mois la face de sa Maison de Chastillon parut toute autre, & ses deux fréres, Odet, que nous auons dit auoir esté fait Cardinal, & d'Andelot, furent à son exemple ardamment inciter à l'estude de la Religion. Or l'Admiral ayant esté esleué dés sa jeunesse dans les delices & corruptions de la Cour, & n'en estant pas mesme encores exempt, aussitost qu'il eut commencé d'estre imbu de la vraye Religion, vn tel changement apparut en sa vie & en ses mœurs, qu'il estoit aisé d'y reconnoistre la vertu du sainct Esprit; & cette parole de Iesus-Christ, Que quiconque est inspiré de l'Esprit de Dieu, renaît en quelque façon, estant fait vn nouvel homme. Mais ce qui luy arriua deuant que d'oser venir au banquet Chrestien & Sacrement de la Cene du Seigneur, est digne de remarque. Il auoit plusieurs fois conferé auec de tres-sçauans Pasteurs des Eglises de France, non seulement de la transsubstantiation, comme il se dit en Sorbonne, mais aussi de la consubstantiation; & comme selon la nature & portée de l'esprit humain, il semble que la presence de la diuinité doiue estre en quelque sorte localement enclose dans vn certain lieu pour y estre adorée, selon que Dieu auoit fait autrefois en l'Arche de l'alliance : Ainsi l'Admiral vouloit, que la presence du corps de Christ, c'est à dire de sa chair, de ses os, & de son sang, fust aucunement meslée auec le pain & le vin. Enfin, s'estant trouvé en vn presche qui se fit en cachette, & entre peu de personnes à Vatteville, suiuant l'ordinaire de ce temps-là, & à la fin duquel, la Cene du Seigneur deuoit estre celebrée, il pria la compagnie de ne prendre point de scandale de son infirmité, mais de prier Dieu pour luy ; & requit le Ministre de traiter auec vn peu plus d'éclaircissement du mystere de la Cene. Ce qu'il fit en ces termes ; à sçauoir, que la Cene du Seigneur auoit deux parties, l'vne humaine & naturelle, qui se contemploit des yeux du corps ; & l'autre diuine & celeste, de ceux de l'entendement, Celle-là dependoit du Ministre qui dõnoit du pain & du vin,

& ensemble de la manducation & du boire, toute cette action s'accomplissant par moyens humains & naturels: mais celle-cy dependoit de Dieu, qui en est le donateur, & de tout le fruict qui provient du Corps de Christ crucifié, ressuscité & glorifié, selon que Dieu nous en fait participans en la Cene: dependoit aussi de la confiance & consentement auec lequel il est receu du Chrestien, & que toute cette mysterieuse action s'accomplissoit par vn moyen diuin, celeste & surnaturel. Et pourtant puis qu'vne telle action n'avoit pas esté instituée à cause du pain & du vin, mais de l'homme Chrestien, & qu'elle devoit estre rapportée à cette fin, qu'en vain on recherchoit trop curieusemét, s'il n'y a pas encores quelque chose de meslé au pain, auec le pain, sous le pain, dans le pain, ou autour du pain; que le pain, & le vin appartenoient tout ainsi, que l'eau du baptesme, & le lavement, à l'action exterieure; & qu'il falloit donc élever son esprit en haut à l'action celeste & interieure, & penser seulement à ce que Dieu opere en ce mystere, comme S. Paul montre, quand il dit, Le pain que nous rompons n'est-ce pas la Communion au Corps de Christ? & faut s'écrier auec luy, que la conjonction de Christ & de son Eglise est vn grand mystere. Et S. Augustin a tres-bien & veritablement dit, que manger la viande qui ne perit point, mais demeure en vie eternelle, c'est de croire en Christ. Et pourquoy prepares tu les dents & le ventre? croy, & tu as mangé, & ne prepare point le gosier, mais le cœur. Ainsi cette Cene a esté recommandée, voicy nous croyons en Christ que nous auons receu par foy. L'Admiral instruit par ces paroles, rendit premierement graces à Dieu, puis à toute l'Eglise, & dés-lors resolut en son esprit de participer à ce sacré & sainct mystere au premier jour qu'il se celebreroit. Ce qu'ayant esté divulgué par toute la France, il est incroyable de dire la joye & consolation que toutes les Eglises en receurent. Car encores que iusques à cette heure là, ceux qui faisoient profession de la Religion, fussent par de tres-rigoureuses defenses des Roys, peines & supplices, punis par les Parlemens, & contrains, comme l'Eglise des premiers siecles, de s'assembler en cachette; la Religion ne laissoit pas de s'accroître merveilleusement par toutes les Provinces de la France : comme le tesmoignent mesmes les Edicts de Henry second, & François second, se plaignans, que cette Religion s'étendoit & augmentoit par toutes les parties du Royaume ; d'autant plus, qu'à l'exemple de François premier, ils s'efforçoient de la supprimer. Peu apres, arriua le tumulte d'Amboise, & l'entreprise de nombre de Noblesse contre ceux de Guise : desquels il se trouvoit des Princes & Grands du Royaume, qui ne pouvoient plus souffrir l'effrenée licence & l'orgueil, Le Prince de Condé, n'estant pas éloigné du ſoupçon d'eſtre de la partie, ny le Roy de Navarre non plus, de faire en ſuitte quelque remuëment ; ceux de Guiſe trouverent à propos, que le Roy fiſt à Fontainebleau vne aſſemblée de quelques Grands, afin de connoiſtre le ſentiment d'vn chacun ſur la Religion. Le iour écheu, qui fut le XXIIII. d'Aouſt M. D. LX. comme le Roy eut demandé l'advis des aſſiſtans, l'Admiral ſe levant de ſon ſiege, & s'approchant du Roy, auec toute ſorte de reſpect & de ſubmiſſion, luy preſenta deux Requeſtes, auec cette inſcription, *Supplication de ceux qui en diverſes Provinces invoquent le nom de Dieu, ſuivant la regle de pieté.* Le Roy les donne à l'Aubeſpine, Secretaire des commandemens, pour les lire à haute voix. Cette action de l'Admiral ſembla bien hardie au Roy, & à toute l'aſſemblée, tant pour la nouveauté du fait, & l'égard du temps paſſé ; que pour l'extreme haine que le Roy portoit à la Religion, & le grand pouvoir de ceux de Guise. Le contenu des Requestes estoit, que ceux qui servoient Dieu en pieté & selon qu'il est ordonné, prenoient cette occasion pour supplier tres-humblement sa Majesté, qu'il luy pleust vser de sa clemence & bonté à l'endroit d'vn grand nombre de ses sujets, qui iusques à cette heure avoient souffert, à cause de la Religion, plusieurs incommoditez, miseres, & rigueurs; & de n'avoir desagreable d'entendre leurs raisons, & recevoir la saincte Escriture pour Iuge des differens de telle importance; & qu'il se connoistroit aisément, combien ils estoient non seulement éloignez du crime d'heresie, dont ils auoient cy-devant esté accusez, mais aussi de toute sedition; ayans estimé, qu'en leurs souveraines miseres ils ne deuoient auoir recours à la violence & aux armes, mais à la seule clemence & douceur de sa Majesté. Cependant qu'il luy pleust interdire les jugemens qui s'exerçoient contre eux, par lesquels il n'y auoit endroit de son Royaume, qui n'eust esté cy-deuant ensanglanté du sang de ses sujets. Et que leur condition auoit esté iusques icy d'autant plus miserable, qu'ils estoient contraints de plaider leur cause deuant des Iuges, qui estans sous la domination & mouvance du Pape, faisoient plustost office d'ennemis, que de Iuges & parties equitables. Qu'ils la supplioyent donc, de regarder la calamité de tant de familles, & de ses sujets, qui l'auoient toûjours reconnu pour leur Roy & tres-clement Seigneur, & pieusement honoré, & auec affection, selon le commandement de Dieu; estans tous prests, quand besoin seroit, d'employer & perdre leurs vies pour son service & pour sa dignité: & que, puis que Dieu les auoit mis sous sa foy & protection, il estoit raisonnable qu'il les deffendist contre la puissance & cruauté de leurs ennemis. Qu'ils la supplioyent aussi, qu'auec sa permisſion ils peuſſent publiquement prier Dieu, & eſtre enſeignez par leurs predicateurs en la vraye Religion, & participer aux Sacremens ordonnez de Dieu : de peur, que leur Religion demeurant inconnuë, à cauſe de leurs aſſemblées ſecrettes, ne fuſt plus long-temps expoſée à la mediſance de leurs malveillans. Les Requeſtes ayans eſté leuës, ont vint aux opinions, qui furent, non tant ſur le ſujet de la Religion, que des grandes debtes, dont le Roy ſe trouvoit chargé. L'Admiral adjouſta librement pluſieurs autres conſiderations, principalement des troupes que ceux de Guiſe auoient miſes ſur pied au milieu du Royaume, ſous pretexte de garder le Roy, comme s'il euſt eſté en quelque pays eſtranger, & non pas au ſien, & auoit beſoin de ſi grandes forces pour la ſeureté de ſa perſonne; qu'au contraire l'authorité Royale eſtoit tellement reconnuë par toute la France, que toute ſorte de ſedition pouvoit eſtre aisément appaisée par la puissance d'vn seul Huissier, authorisée du nom du Roy. Paroles, qui descenduës plus auant dans le cœur de ceux de Guise, allumerent auec plus de violence leur haine contre l'Admiral. Quelques-vns furent d'advis d'assembler les Estats du Royaume, & prendre iour à cét effet: & fut monstré, principalement par Marillac, Archevesque de Vienne, & par le Chancelier de l'Hospital, qui estoit de grande authorité, que c'estoit l'ancienne & ordinaire coustume des François, qui toutesfois par les calomnies de quelques flateurs, auoit esté interrōpuë depuis quatre vingts sept ans. En ce mesme temps, Charles Neufiéme, âgé d'enuiron dix ans, estant par la mort de François Second, son frere aisné, venu à la Couronne, la proposition d'assembler les Estats fut remise sur le tapis. Lors Catherine de Medicis, Florentine, & mere du Roy, ne pensoit, selon l'ordinaire des Reynes en viduité, qu'à gouverner sa maison, & garder la personne de son fils, estant d'ailleurs entierement reculée des affaires & gouvernement de l'Estat, duquel tant que ceux de Guise furent en possession, elle se vit estroitement resserrée dans ses bornes. Mais sur le danger de quelque mouvement, à cause, qu'il sembloit, que la Noblesse n'estoit plus pour souffrir les feux, les gehennes, & autres supplices, dont estoient persecutez ceux de la Religion, de laquelle la Reyne mere feignoit de n'estre pas éloignée: l'Admiral par toute sorte de soin & travail la fit associer & participer au gouvernement auec le Roy de Navarre, à qui la regence auoit esté deferée. Ce qui ne fut pas approuvé de plusieurs, qui aimoient le bien de l'estat, monstrans par toutes les histoires, que l'Administration du royaume n'avoit jamais esté donné aux Reynes meres, & sur tout estrangeres, qu'il n'en ait receu beaucoup de dommage & ruine; & n'ait esté occasion des guerres Civiles. Le jour des Estats venu, celuy qui auoit porté la parole pour la Noblesse, sur la fin de son discours presenta vne requeste à sa Majesté, à ce qu'il luy plust de permettre aux lieux publics l'Exercice de la pure Religion qu'on appelloit Reformée. A quoy le seul Quintin, Docteur en droict Canon, & Professeur à Paris, fut contraire; & en vne longue harangue, qu'il fit pour le Clergé, non pas tant par cœur, que la lisant, & quelques Prestres luy soufflans à l'oreille lors qu'il hesitoit, osa dire, que tous ceux, qui demandoient des lieux publics pour l'exercice de leur Religion, meritoient d'estre punis comme criminels de leze Majesté, & fauteurs d'vne nouvelle Religion. Dequoy l'Admiral s'estant plaint au Conseil du Roy, ce Docteur estonné, confessa, qu'il n'avoit rien dit de son propre mouvement; mais recité ce qui luy auoit esté baillé par escrit par des gens d'Eglise, & qu'il estoit prest de declarer en la mesme assemblée des Estats deuant sa Majesté, (comme il fit quelques iours apres,) qu'il n'auoit aucunement entendu parler de l'Admiral. Qui par ce moyen demeura satisfait de sa plainte. Enfin, par commandement du Roy à tous les Magistrats & Iuges du royaume, il fut mandé, que tous ceux qui estoient detenus prisonniers pour le faict de la Religion, fussent aussitost eslargis, auec rigoureuses defences de mettre d'oresnavant en peine, qui que ce fut pour ce sujet & pretexte. Quant aux lieux publics, où il devoit estre permis de prescher, la deliberation en fut remise aux Estats, qui se tiendroient à Ponthoise, & qui toutesfois n'y furent pas tenus. Mais le mois de Ianvier ensuivant, & l'assemblée des Princes & des Grands à Saint Germain, où tous les Parlemens envoyerent leurs Deputez, l'Exercice de la Religion par l'Edict du Roy, publié par tout le royaume, fut permis en tous les faux-bourgs des villes,

Apres cette publication, comme le repos de l'Estat, qui commençoit a respirer, sembloit estre estably, & que dans les faux-bourgs des plus grandes villes, mesme de Paris, le presche se faisoit paisiblement, arriverent les nouuelles, que le Duc de Guise, qui s'estoit retiré en Champagne, auoit fait massacrer, en la ville de Tassy, enuiron deux cens personnes, qui soubs l'asseurance de l'Edit du Roy estoient au presche, chantans des Pseaumes, & priant Dieu. De ce massacre le Duc de Guise se disoit estre l'autheur, se confiant en l'amitié qu'il auoit nouuellement contractée auec le Roy de Navarre, que dans la foiblesse de son esprit il auoit induit, sous l'esperance du Royaume de Sardaigne, & ce l'obligeant par plusieurs autres promesses. Sur cette asseurance, accompagné de ses freres, & de grand nombre de gens armez, il vint peu de iours apres à la Cour; se saisissant de la personne du Roy, qui n'estoit qu'vn enfant, & de la Reyne sa Mere, qui par larmes & prieres sembloient repousser vne telle violence, & les mena premierement à Melun, puis à Paris. En ces entrefaites la Reyne mere dépescha plusieurs Messagers à l'Admiral : ensemble écrivit de sa main au Prince de Condé, afin qu'il la secourût, & ses petits enfans, & pensast au salut du Royaume. Ce qui obligea ce Prince, auec les prieres de la pluspart de la Noblesse, de prendre les armes, & declarer la guerre à ceux de Guise, pour déliurer le Roy; Disant souventefois tout publiquement, qu'en vne si iuste occasion, il ne devoit point craindre d'estre calomnié, comme s'il auoit voulu accroistre la Religion par armes, ou faire la guerre au Roy; veu qu'en l'assemblée des Estats tenus à Orleans, sur la requisition du tiers Estat, & de la Noblesse, à ce qu'il leur fust permis de servir Dieu selon leur Religion, ayant esté ordonné, qu'à l'advenir personne pour ce regard ne seroit en danger ny en perte, & en suitte vn Edict fait en vne tres-notable assemblée, qui en octroyoit l'exercice dans les faux-bourgs des villes & dans les villages; quel droit vn Guisart sorty de Lorraine auoit au Royaume de France, ou auec quelle asseurance osoit-il entreprendre vne telle cruauté sur les sujets du Roy? Au reste, qu'il n'y auoit point de moyen de repousser la force que par la force; & partant, qu'il ne commençoit point la guerre, mais s'en servoit seulement pour défendre ceux à qui viuans paisiblement elle estoit faite. Qu'on sçavoit déja par toute la France, & que le bruit en estoit venu iusques en Allemagne, que le Duc de Nemours, à la persuasion des Guisarts, auoit essayé d'abuser, par belles paroles, Henry, encores enfant, Frere du Roy, & qui depuis fut esleu Roy de Pologne, pour le transporter hors le Royaume. Dessein, que ce ieune Prince découvrit à sa mere, & qui estoit connu d'vn chacun. Que les mesmes perſonnes, au meſpris de l'aſſemblée des Eſtats, & de l'Edict du Roy, auoient, d'vne fureur & inſolence inſupportable, fait le maſſacre de Vaſſy, violenté le Roy, & la Reyne ſa Mere, les amenans, ſelon qu'ils jugerent, plus à propos à Melun, & à Paris. Que peu auparauant, eſtans allez ſur la frontiere d'Allemagne, ils auoient demandé à quelques Princes Allemans, d'eſtre admis au nombre des proteſtans: Et convié Chreſtien, Duc de Vvirtemberg, Prince de grand courage, & de ſinguliere prudence, de ſe rendre en la Ville de Sauerne, proche de Straſbourg, là où le Cardinal de Lorraine, en preſence de ce Prince, & de pluſieurs Allemans & François, qui faiſoient profeſſion de la Religion, leur tint par deux fois publiquement dans l'Egliſe de tels diſcours, qu'il perſuada la pluſpart des aſſiſtans, que luy & ſes freres deſiroient d'embraſſer la Religion, & d'eſtre mis au nombre des Princes proteſtans. Les choſes ainſi reconnuës, le deſſein du Prince de Condé fut approuué en tant d'endroits de la France, qu'en peu de iours plusieurs villes se rendirent à luy & s'associerent en cette guerre; comme entr'autres, Orleans, Blois, Tours, Bourges, Roüen, Lyon, Vienne, Valence, Nismes, & Montaûban. Ce qui fut le commencement de la premiere guerre Civile: De laquelle il est certain que le massacre de Vassy fut cause. Or dans le party de ceux de la Religion, toute la charge de la guerre ayant d'vne commune voix esté remise entre les mains du Prince de Condé, aussi-tost par le mesme consentement il en donna le commandement & lieutenance generale à l'Admiral, à cause de la haute estime, où il estoit, de iustice, authorité, & sagesse. Tandis la Reyne Mere delibera de traiter de paix: & pour cet effet pria le Prince de Condé, de venir en son armée, & de luy accorder pour peu de iours la ville de Boigency; qui a vn pont sur la riuiere de Loire, & qu'elle disoit estre fort propre à cette conference. Le

Prince de Condé, apres la Foy donnée, sans prendre des ostages, sur la simple parole du Roy de Navarre, & les promesses de la Reyne Mere, s'en va les trouver en leur armée; & demande seulement à la Reyne, que durant le pourparlé, le Connestable, le Duc de Guise, & le Mareschal de saint André, qu'on nommoit ordinairement le Triumvirat pour la ruine de l'Estat, se retirassent du Camp. Ce qu'estant fait, il tira la garnison de Boisgency, & la ville fut mise entre les mains de la Reyne Mere: laquelle y fit aussi-tost mettre garnison, & apres auoir en apparence parlé de Paix, & de reconciliation, non seulement elle retint le Prince, mais aussi se saisit de la place, la faisant munir de toutes choses necessaires pour la guerre. Mais l'Admiral, picqué de cette perfidie, & ne voulant pas manquer de son devoir à l'endroit de ce Prince, marcha soudain auec sa caualerie vers le camp des ennemis, & y donna telle épouvante, que la Reyne commanda, que le Prince luy fust rendu. A l'instant, peu de iours apres s'estant approché de la place, il la prit de force, non sans perte de quelques-vns des siens, & de son fils-aisné, nommé Gaspar; qui mourut de maladie en la ville d'Orleans, n'estant pas encores en l'aage de neuf ans, mais d'vn excellent naturel : dont il porta grand dueil. Cependant les Guisars, se voyans abandonnez de force François, de l'interest desquels il s'agissoit, & que le plus grand nombre favorisoit le party du Prince de Condé, iugerent, qu'il leur falloit auoir recours aux estrangers : & leverent à cet effet des gens de pied en Suisse, & de la Cauallerie en Allemagne. Ce que l'Admiral disoit souuent estre crime de leze Majesté, de rebellion, & tesmoignage d'vn cœur ennemy de l'Estat : D'autant, que s'il faloit debattre à la façon des anciens de l'interest & droict public des François, on auoit les ordonnances, des assemblées des Estats, qu'il est constant y auoir, depuis la fondation du royaume, tousiours esté de souveraine authorité. Que si le different se doit decider par les armes, qui est ce qui ne voit que la pluspart des François est de nostre costé? Mais, de faire venir des forces estrangeres, pour opprimer les naturels du pays, ce n'est nullement la marque d'vn courage François, mais plûtost barbare, brutal, & ennemy. Toutesfois l'Admiral, pour ne deffaillir à la grande affection des siens, & de tant de villes qui s'estoient jointes à luy, estant de longtemps asseuré de la favorable inclination de quelques Princes Allemans, à l'endroit des Eglises de France; il conuia son frere d'Andelot, de passer en Allemagne, & leur demander secours, afin d'opposer des Estrangers aux Estrangers. Lequel trois mois apres amena en France trois mil chevaux, & six mil hommes de pied. Durant cela, estant adverty d'vn convoy de quelques canons de batterie, & quantité de poudres, qui se menoit au Duc de Guise, soubs la conduitte d'vn Lorrain, nommé de Chon, assez bon homme de guerre, auec escorte de six compagnies de Cavalerie, & quelques vnes d'Infanterie, pour le siege de Bourges, où il estoit : sur vne si belle occasion, il marcha à grandes iournées, auec quelque caualerie, pour rencontrer l'Ennemy. Qui à peine peut soustenir la premiere charge, & la plus part jettans les armes, se mit en fuitte : les gens de pied detellans les chevaux, & laissans le canon, & le charroy chargé de poudres. De Chon y est pris en combattant. Mais l'Admiral, n'ayant point de cheuaux, & ne voyant pas comme il pourroit amener vn si grand butin, s'auisa de faire charger extraordinairement le canon, & y donner la force pour le creuer. Ce qui n'ayant pas reüssi, il fit mettre ensemble les casques de poudre, canons, & charrettes, & gasta ce qui se peut auec le feu : qui remplit l'air d'vn horrible bruit & d'esclats.

D'Andelot estant de retour d'Allemagne, auec trois mil cheuaux, & six mil Lansquenets, le Prince de Condé prit sa marche vers Paris auec vne assez puissante armée de François & d'Allemans. Et les Guisarts mirent leurs troupes en campagne, entre autres vn bataillon de Suisses, sur lequel ils s'asseuroient le plus. Et s'estans approchez du Prince, prés de la ville de Dreux, (qu'on tient auoir esté autrefois la demeure des Druïdes,) la bataille s'y donna; dont l'euenement fut incertain & douteux. Le Connestable y ayant esté pris du costé des Guisarts, & de l'autre costé le Prince, Chef du party contraire; apres la prise duquel, le gros de son armée commençant à plier, partie des gens de pied ayans jetté leurs armes, les autres demeurez morts sur la place, & partie s'estans rendus à l'ennemy; l'Admiral ayant rassemblé sa Caualerie dans vn bois, apres les auoir admonestez de ne faire pas plus de conte de leur vie, que de leur

leur Religion, patrie & honneur, reuint au combat: où le Mareschal Saint André, qui auoit grãd credit en Cour, la Brosse Lieutenant du Duc de Guise, & plusieurs autres Gentils-hommes, furent tuez. Le Connestable, chef de l'armée ennemye, & de grande authorité, ayant esté pris par Stuart, sieur de Vezines, homme de valeur, & plusieurs soldats le cherchant pour le tuer, fut toutesfois sauué par le mesme, tant pour estre parent de l'Admiral, que de peur que sa mort ne fit courir fortune au Prince de Condé, & fut mené sain & sauf en la ville d'Orleans. De laquelle, toutes choses ainsi aigries, & la paix desesperée, le Duc de Guise, s'estant approché, commença de l'attaquer furieusement d'vn costé. Mais l'Admiral, apres y auoir laissé son frere d'Andelot, pour la deffendre, prit le chemin de Normandie, & assiegea le chasteau de Caen, ou le Marquis d'Elbœuf, l'vn des freres du Duc de Guise, s'estoit retiré depuis peu de iours. Qui, voyant la ville prise, rendit la place auec toutes les armes par composition. Durant cela, vn jeune homme de noble famille, nommé Poltrot, sieur de Mercy, s'estant fait de la Religion, & ayant assez long-temps suiuy le party du Prince de Condé, se trouvoit en l'armée du Duc de Guise, que par vn soudain & propre mouvement, pris en la ville de Lyon, il auoit resolu de tuer, le detestant ordinairement en ses devis familiers, auec toute sorte de souhaits contre luy, comme estant tres-certain parricide de sa patrie, & cause de tant de calamitez. Pour ce sujet ayant à toute heure en la bouche ce dire ancien, qu'on pouvoit contre vn Ennemy vser de finesse ou de force, il delibera de s'en aller comme fugitif en son camp, & d'espier l'occasion d'executer son dessein le mieux qu'il luy seroit possible; adjoustant, que s'il luy estoit obligé, par quelque sorte de protection, ou bien faict, ou par quelque autre serment, il ne voudroit, en quelque façon que ce soit, encourir la honte d'estre traistre. Mais, puisque, disoit-il, ie ne luy ay iuré aucune fidelité, qu'est ce qui m'empesche d'imiter la vertu de Scevola, en la resolution qu'il prit de tuer le Roy Porsenna? Tellement, qu'ayant auec ce dessein demeuré quelque temps au camp du Duc de Guise, il prit l'occasion de luy percer d'vne balle de pistolet l'épaule droite, dont peu de iours apres il mourut: & en suitte la paix fut tout aussi-tost faicte, & l'Edict renouvellé pour la liberté de l'exercice de la Religion par touto la France, à certaines conditions. D'où presque tous commencerent à former ce raisonnement, que comme Paris auoit esté cause de tant de maux aux Troyens; ainsi le Duc de Guise aux François, puis que par sa mort la guerre auoit esté incontinant éteinte. Mais l'Admiral vn peu aprés, ayant esté mandé en Cour, entra en vne autre guerre auec vne femme; d'autant que la vefve du Duc de

Guise, prosternée aux pieds du Roy, & fondant en larmes, luy demanda la vengeance de cette mort, dont elle asseuroit que l'Admiral estoit l'autheur. Qui, reconnoissant que cette farce se joüoit par le mouvement d'une puissance superieure, afin que, n'ayant peu estre vaincu par armes, il le fust par la chicanerie; fit voir au Roy, à la Reyne sa Mere, & à tout le Conseil, que Poltrot long-temps auparavant auoit esté accusé de ce meurtre, & ensuite executé. Si à tort, ou à droict, que ce n'estoit lors la saison de le débatre, mais en quelque façon que ce soit, s'il y auoit eu du crime, qu'il y auoit esté assez satisfait, par les grands tourmens qu'on auoit fait souffrir à Poltrot, tiré à quatre chevaux dans Paris, & confessant, non seulement qu'il estoit coulpable; mais aussi le publiant, & s'en glorifiant, & asseurant, que cette volonté luy auoit esté inspirée du Ciel, & qu'il ne doutoit point d'avoir rendu vne agreable obeïssance à Dieu, & à sa patrie vn notable & salutaire service, en ostant du monde vn furieux & enragé tyran, perpetuellement alteré du sang des Chrestiens. Que, si dans les fers & la prison, sous esperance d'impunité, & par belles paroles, il auoit, peut-estre, dit quelque chose contre luy, on le devoit garder, selon que, durant sa vie & prison, il auoit demandé par diverses lettres & declarations; afin qu'apres la guerre il fust par les formes ordinaires de la Iustice interrogé en sa presence: & que ny le témoignage, ny la delation d'vn homme mort, n'estoient d'aucun poids au jugement d'vn crime capital, sur tout contre vne personne de telle dignité. Et enfin, quand toutes ces choses ne seroient point, la paix toutesfois, & reconciliation, s'en estans pour le bien public, ensuivies, non seulement entre les soldats des deux partis, mais aussi beaucoup plus entre le chefs & principaux, cette nouvelle sorte de plainte y estoit entierement contraire. Que s'y l'on demandoit permission d'informer de ce meurtre, qu'il faisoit la mesme Supplication au Roy, pour intenter son accusation contr'eux. N'estant difficile à prouver, comme le feu Duc de Guise auoit exercé de tres-enormes cruautez contre les sujets du Roy; violé les sacré-sainctes ordonnances du royaume, confirmées par les Edicts de sa Majesté; pris d'authorité privée les armes; qui estoit vn crime de leze Majesté; troublé l'Estat; enfin renversé tout droict humain & divin; & esté le flambeau, qui depuis treize mois auoit mis le feu par toute la France. Apres ce discours de l'Admiral, & que cette action n'eut toutesfois laissé d'estre encores intentée par ceux de Guise és années suivantes, enfin le Roy, ayant convoqué en la ville de Moulins les Princes & Grands du royaume, & les principaux de ses Parlemens & de son Conseil, commen-

da au Cardinal de Lorraine, qui auoit auec luy la vefve de son frere, qu'il parlast pour sa partie : & permit à l'Admiral d'y respondre ce qu'il voudroit. La cause plaidée des deux costez, le Roy, par advis du Conseil s'estant enquis d'eux, s'ils tenoient quelqu'vn de la compagnie pour suspect, & à recuser en ses réponses, vit, qu'il les approuvoient tous : puis il leur demanda, s'ils requeroient que l'accusation fust jugée, & s'ils promettoient de se tenir au jugement qui en seroit rendu. Toutes les deux parties, ayans quelques jours aprés, respondu, qu'ils y obeïroient tres-volontiers ; le vingt-neufviéme Iuin mil six cens soixante-six l'arrest fut prononcé, en la forme qui s'ensuit, & que nous auons rapporté de mot à mot. Le Roy en son Cõ-
„ seil, ayant oüy les deux parties, & la
„ cause cõnuë, par l'aduis des Princes
„ & de ses conseillers, qui sans aucune
„ varieté ont tous esté d'accord, dit,
„ qu'il appert, que l'Admiral de Cha-

„ ſtillon eſt innocent du meurtre, „ commis en la perſonne du Duc de „ Guiſe. Duquel il l'abſout en juge„ ment, & impoſe ſilence perpetuel „ en ce cas à ſon Procureur general, „ & à tous autres qu'il appartiendra, „ Deffend en outre, que nul de ceux, „ qui ont eſté contraires en cette cau„ ſe, ou aucun autre de ſes ſujets, „ ſoit ſi hardy de parler de ce fait, „ ny qu'aucun Iuge de ſon Royau„ me permette qu'on en faſſe inſtan„ ce en Iuſtice. Et a receu chacune „ des parties en ſa protection & ſau„ vegarde, leur commandant de vi„ vre à l'advenir en paix & amitié, „ ſous ſon authorité, ſans rien en„ treprendre l'vn ſur l'autre. Que ſi „ l'vne des parties, ou quelqu'vn de „ leurs parens, alliez, & amis, con„ trevient à cét Arreſt, il le declare „ convaincu d'attentat contre ſa Ma„ jeſté, & en eſtre criminel, comme „ ayant violé la paix & le repos pu„ blic. Et pour cét effet ordonne, que „ cét Arreſt ſoit publié dans tous les

Parlemens de son Royaume. Mais il est temps de revenir aux desseins de l'année precedente. Où il arriva vn accident, qui, donnant tesmoignage d'vn esprit doux & debonnaire, ne semble pas devoir estre passé sous silence. L'Admiral auoit eu quelques années entre ses domestiques & familiers vn certain Hambrevillier, de noble famille. Duquel se servant en plusieurs bonnes affaires, des lettres furent surprises en Cour, & envoyées à l'Admiral, par lesquelles il mandoit à ceux qu'il n'estoit point besoin presentement de nommer, que bientost il executeroit sa commission, & donneroit le breuvage dormitif à l'Admiral. Qui le fait appeller, & escrire de sa main quelques lignes sur du papier. Puis ayant confronté les deux escritures, luy demande, s'il reconnoissoit bien la sienne aux lettres qu'il luy monstra. Lesquelles apres auoir connuës, convaincu en sa conscience d'vne telle méchanceté, se jette soudain aux pieds de l'Admiral, implorant sa misericorde. Qu'il luy accorda, & le pardon ; à la charge qu'il sortit à l'instant de sa maison, & ne se presentast jamais devant luy. Mais, pour reprendre les desseins de la Cour, quelques mois apres la publication de la paix, la Reyne Mere se resolut d'aller à Bayonne, trouver le Roy d'Espagne son gendre, & mener ses enfans auec elle ; dont l'intention ne fut lors connuë que de peu de personnes, mais se fit paroistre apres par de tragiques evenemens. Elle prit donc son premier chemin par Lyon : qui lors à cause du nombre des bourgeois & habitans de la Religion estoit entre leurs mains. Où soudain qu'elle fut arrivée, ayant assemblé de toutes parts les Ingenieurs Italiens, & les ouvriers, elle fit promptement bastir en la prochaine hauteur vne citadelle, pour tenir la ville en bride. Et bien qu'il y eust vne furieuse peste, qui auoit mesmes déja commencé d'infecter sa Cour, elle ne pust toutesfois jamais estre persuadée d'en sortir, & retirer ses enfans, qu'elle n'eust veu les fondemens de cette forteresse estre jettez. Mais, voyant que ceux de sa suitte en étoient attaquez, elle mit pour Gouverneur de la ville Losses, homme fier & barbare, & capital ennemy de ceux de la Religion, auec garnison des plus insolens soldats, pour persecuter d'injures & ignominies continuelles les habitans; lesquels s'y montroient affectionnez. Depuis quoy, c'est chose merveilleuse à dire, mais toute notoire, & qui a couru par tout, qu'en quelque part que le Roy alloit auec ce grand train, soit villes, bourgs, villages, ou chasteaux, la peste les poursuivoit de telle façon, que trois mois durant il ne sortit, que par la contrainte du peril present, & comme poussé par force hors le logis. En ces entrefaites, & que la Reyne Mere communiquoit ses conseils à Bayonne auec la Reyne d'Espagne sa fille, & les Ambassadeurs du Roy son mary, le Mareschal de Montmorency, que le Roy auoit laissé Gouverneur de Paris, auec plein pouuoir, est adverty que ceux de Guise tenoient des conseils secrets pour esmouvoir le peuple contre ceux qui faisoient profession de la Religion, & que le Cardinal de Lorraine y devoit bien tost arriuer auec grande suitte de gendarmes, il auoit esté desja deffendu, par les Edicts du Roy, à toutes personnes, de porter mesme par les champs arquebuse ou pistollet. Incontinant que le Mareschal de Montmorency sceut, que le Cardinal & sa suitte estoient entrez armez dans la ville, il va au devant de luy, & luy commande de se desarmer. Ce que le Cardinal & son néveu le Duc de Guise prirent à grande injure, & leur entendit souvent dire, que cette action luy cousteroit la vie. Cette rumeur arrivée en la ville, où le Cardinal pouvoit esmouuoir en vn iour soixante mil hommes, pour perdre le Mareschal de Montmorency, il iugea d'estre à propos d'appeller ses amis, & sur tout l'Admiral, qui, accompagné d'environ trois cens chevaux, le vingt-deuxiéme de Ianvier se rendit à Paris. Ce qui estonna de telle façon, non seulement le menu peuple, merveilleusement adonné à la superstition, mais aussi les Prestres, & sur tout les Chanoines de nostre Dame, qu'il y en eut peu d'entr'eux, qui ne pensast à s'enfuir. Le lendemain le Mareschal de Montmorency fit venir chez-luy les principaux du Parlement & de la ville; leur representant, en presence de l'Admiral, l'outrecuidance du Cardinal, & ses factieux desseins, ensemble les assemblées illicites de quelques bourgeois, qui avoient semé des bruits, comme si l'Admiral assembloit des troupes, pour mettre dans l'éloignement du Roy, vne si opulente ville au pillage; & pourtant qu'il auoit trouvé bon de les faire venir, afin de dire librement son intention devant eux. Alors l'Admiral, il y a long temps, dit-il, que ie ſçay le bruit que les méchans & malveillans font courir contre moy, comme ſi j'avois deliberé de me ſaiſir de cette Ville, que perſonne n'ignore eſtre la force & la lumiere de la France. Mais ces deſſeins ſont propres à ceux qui s'attribuent quelque droict en la ſucceſſion du Royaume, & pretendent la reſtitution de certaines Duchez & Comtez leur devoir eſtre faite, Quant à moy, ie n'ay point de pretention au Royaume, ny en aucune de ſes parties, & ſi ie l'avois, i'eſtime que depuis cinq cens ans, perſonne de la Nobleſſe Françoiſe n'a eu tant de moyen que moy de troubler l'Eſtat. Il vous peut ſouvenir, qu'aprés la mort du Duc de Guiſe, & que le Conneſtable eſtoit à Orleans en mon pouvoir, quelle occaſion j'eus d'entreprendre, ſi mon humeur euſt eſté portée aux remuemens; & que la Reine Mere, & le conſeil du Roy, n'avoient iamais demandé la paix, que lors que les affaires de ceux de la Religion sembloient plus florissantes. Et qui peut ignorer que ie ne l'aye recherchée, auec tres-instantes supplications & desir, lors que plusieurs des plus puissantes Villes s'estoient déja mises en ma protection; & que plusieurs autres, tant de Normandie, que de Bretagne, m'offroient volontairement leur amitié & association? Qui est-ce qui ne sçait, qu'aprés la paix faite, pouvant contenter mon ambition, & obtenir du Roy des charges & honneurs, i'ay toutesfois mieux aimé me retirer en ma maison, & dans toute sorte de retenuë & de repos, y mener iusques icy vne vie priuée? Mais laissant ce discours, pour parler de ce dont il est question, ayant esté appellé par le Mareschal de Montmorency, ie me suis hasté de venir en cette ville; non pas pour y apporter aucun changement ou trouble, mais plustost pour esteindre le feu que l'audace de quelques-vns estoit preste d'y allumer. I'estime que personne de

vous n'ignore la creance qu'ont en moy ceux qui font profession de la pureté de la Religion; plusieurs desquels émeus de ces nouvelles menées, & épouvantez des factieux desseins des Guisarts, viennent tous les iour me trouver auec lettres, surprises de quelques Capitaines assemblez, qui mandent à leurs vieux soldats de se tenir prests en armes, pour se rendre au premier commandement où il sera besoin. Et pour n'vser de paroles inutiles, il s'en est trouvé d'escrites de Normandie, desquelles le propre original a esté porté à la Reyne Mere. Et dont vous tirant vne copie de ma poche, ie reciteray seulement vn article. Il n'y
„ a point de moyen plus aisé de re-
„ stituer la Couronne de France à
„ ceux à qui elle appartient d'ancien
„ droict, & d'abolir la race des Val-
„ lois, que d'exterminer tous les Hu-
„ guenots, qui la deffendent. Pour-
„ tant il faut faire vendre leurs bois
„ à l'enchere, & du prix en auoir de

l'argent & des armes : & s'ils en " veulent plaider, la chose estant iu- " gée, ils ne debattront point les " fraix du procez. Que diray-je des meurtres & voleries qu'ils exercent à toute heure ? Il est constant, que depuis la publication de la paix, plus de cinq cens de la Religion ont esté tuez en divers lieux, sans que la mort d'vn seul ait esté vengée par le Magistrat : & ceux qui font leurs plaintes au Roy, ou à la Reyne Mere, ne remportent que des paroles, ou quelque feuille de papier, ou peau de parchemin, sans effet. Qui ne sçait pas que depuis peu, il s'est fait publiquement en la ville de Tours, à enseignes deployées, vn massacre de ceux de la Religion, en presence mesme de celuy que le Duc de Montpensier y auoit envoyé pour establir la paix ? Ce qu'estant, on dit toutesfois, que quelques Prestres ont pris tant de frayeur de mon arriuée en cette ville, qu'ils deliberent de la quitter. Si est-ce, qu'il n'y a lieu en

France, nulle si forte place, citadelle, ou chasteau, où les Prestres demeurent, & celebrent leurs ceremonies, & mesmes auec plus de repos & seureté, qu'en ma ville de Chastillon. Apres cétte harangue, l'assemblée fut congediée. Le lendemain, enuiron trente deputez du corps des Marchands, & en suitte l'Evesque & Recteur de l'Vniversité, & grand nombre d'Ecclesiastiques, estans venus trouver le Mareschal de Montmorency, l'Admiral leur parla fort courtoisement, les conviant d'avoir bon courage. Et les iours suiuans, il confirma bien au long à la Cour de Parlement, où l'on l'avoit fait entrer, qu'il ne desiroit rien plus que la concorde des habitans, n'estant venu vers eux en autre intention; & qu'ils missent ordre de leur costé à retenir la Ville en repos & tranquillité. Aprés cét establissement, & le retour de l'Admiral en sa maison, il fut adverty par ses amis, qu'vn nommé le May, homme de petite condition, & qui exerçoit plusieurs voleries en vne hostellerie qu'il auoit assez prés de Chástillon, ayant marchandé auec d'Aumale, frere du Duc de Guise, espioit l'occasion de luy faire vn mauvais tour lors qu'il iroit à la chasse, & auoit déja eu en don cent escus, auec vn bon cheval. Davantage, l'Admiral adverty plusieurs fois des brigandages qu'il faisoit, dont il l'avoit souvent menacé, & s'il en entendoit plus parler, qu'il luy feroit faire son procez; ayant depuis peu de jours trouvé des tesmoins suffisans, l'en auoit fait accuser au Parlement: de sorte, que tombé dans les pieges qu'il avoit tendus, il commença d'accuser l'Admiral, de quelques années; d'avoir traitté auec luy pour tuer le Reyne Mere, luy en offrant vne grande recompense. Mais le Parlement ayant reconnu la calomnie, & information faite de ses crimes, le condamna d'estre rompu sur la roüe. Or le Prince de Condé ayant eu vn fils, le Roy selon la coustume luy voulant donner le nom, & s'y trouvant de la difficulté à cause de la Religion, il luy pleust de faire l'honneur à l'Admiral de presenter l'enfant en son nom au baptesme, & à receuoir les sacrez commencemens de la Religion. Ce qui fut fait (comme il est ordinaire en la Cour des Princes) en grande pompe & magnificence. Au festin l'Admiral fut seul, comme le Roy, assis en vne table, & seruy par les mesmes Officiers. Ce que plusieurs interpretoient à vn tesmoignage de la singuliere bienveillance que le Roy luy portoit. Tandis, la nouuelle arriua, que le Duc d'Albe descendoit au Païs bas auec l'armée du Roy d'Espagne, pour empescher les mouuemens qui s'y faisoient à cause de la Religion : & d'autant qu'il deuoit passer ses troupes prés de la Frontiere de France, l'Admiral demanda dans le conseil du Roy, qu'on pourueust à la Bourgongne. Et que de peur que par avanture quelque remuement y suruinst à cause de la Religion, vne garnison de Suisses y fust plustost mise que de François. Ce qui fit croire à la pluspart, qu'il auoit intention d'opposer l'armée des Suisses, composée de six mil hommes, à celle du Duc d'Albe, si elle entreprenoit quelque chose sur la Bourgogne. Mais le Prince de la Roche sur-Yon, qui estoit du sang royal, & à cause de cette proximité fort amy du Prince de Condé, ayant escrit à l'Admiral ; le priant de luy enuoyer secrettement quelque sien plus particulier confident, par lequel il le peust informer de choses tres-importantes à son salut, & qui ne devoient point estre divulguées ; enfin luy donne advis, que le Conseil pris à Bayonne, estoit de destruire entierement la Religion dite Reformée, & tous ceux qui en faisoient profession ; & qu'à cét effet on faisoit la leuée des Suisses, sous pretexte de garder les frontieres, & les opposer aux troupes du Duc d'Albe. Ce qui fut aussi confirmé à l'Admiral par diverses lettres & messages. Sur quoy le Prince de Condé premierement, & puis aprés l'Admiral, estans venus en Cour, representerent au Roy, & à la Reyne Mere, & au Conseil, qu'ils ne voyoient aucun sujet de faire entrer dans le Royaume ces leuées de Suisses, si ce n'étoit, peut-estre, pour les ruiner, & tant de bonnes familles qui faisoient profession de la Religion, dont le nombre estoit plus grand que dans la commune opinion; comme il auoit paru en la derniere guerre; & que si leurs Ennemis machinoient quelque chose contre eux, ils ne defaudroient point à eux-mesmes, & ne souffriroient pas d'estre aisément égorgez par des brigands. Qu'ils prioient & conjuroient sa Majesté royale, d'avoir pitié, ou de tant d'honnestes familles, ou de sa patrie affligée, & du peuple ruiné. Mais, ayans esté ignominieusement receus, & rejettez à la Cour, se trouvans aussi en hazard de leurs vies, ils resolurent de ne manquer, ny à eux, ny à tant d'Eglises Chrestiennes ; sur tout, s'en voyans requis & priez par tant de Noblesse, & tant de bons Citoyens qui se plaignoient de ne pouvoir plus longuement endurer les injures & continuelles persecutions des Magistrats. Cette resolution prise, sçachans de quel poids est le nom du Roy dans les Villes, & que pour ce sujet le Duc de Guise aux troubles precedens s'estoit efforcé d'avoir le Roy en son pouvoir ; aprés avoir communiqué leur dessein à peu de gens ; ils viennent couvertement en Cour, pour essayer s'ils pourroient tirer le Roy des mains de la Reyne Mere & des Guisarts ; afin qu'ayans éloigné de sa personne les mauvais conseillers, on peust pourvoir à la paix & concorde publique. Mais, ayans esté trahis par vn des leurs, ils perdirent l'occasion de mettre à fin leur entreprise, & furent contraints de proceder à guerre ouverte. Et s'estans approchez de Paris, ils se trouverent par la reveuë de leur armée, au nombre d'environ mil à douze cens chevaux, & peu d'Infanterie, d'Andelot ayant le iour auparavant ammené auec luy en la ville de Poissy vne bonne partie de leurs troupes, afin de se saisir du pont qui est sur la riviere de Seine, & couper les viures à Paris. D'où le Connestable sortit auec quinze mil hommes, & six mil chevaux. Lequel ayant esté fort blessé à la bataille, mourut peu de iours apres. Il fut aisé de remarquer en ce combat vne singuliere providence de Dieu à conseruer l'Admiral. Qui étant monté sur vn cheval fougueux, & fort en bouche, & la gourmette rompuë, fut emporté par deux fois au travers des ennemis: dont il ne fut point blessé; mais son cheval, frappé d'vn coup de balle de pistollet, se laissa tourner la bride, & la ramena dans les siens. La perte ayant esté grande des deux costez, l'armée du Roy fut toutesfois defaicte & repoussée dans Paris: & le Prince, auec l'Admiral, prit le chemin de Lorraine, pour aller au devant

devant du secours que les Princes Allemands luy envoyèrent ; afin d'opposer les Estrangers aux Estrangers. Mais ils receurent de grandes incommoditez en ce voyage, estans suivis, & à toute heure chargez sur la queuë par le Duc d'Anjou, frere du Roy, nagueres Roy de Pologne, & à present de France. Arriuez qu'ils furent en Lorraine, où ils rencontrerent une bonne armée Allemande commandée par le Duc Casimir, fils de l'Electeur Palatin, vn nouuel accident de trouble leur survint ; à cause de la paye de quelques monstres qui estoient deües aux Allemands. Et ne se trouuant pas où en recouvrer la moindre partie, l'Admiral y apporta vn prompt remede ; qui fut d'imposer par teste, tant sur chaque soldat, que sur les Vivandiers, goujats, & autres qui suivent l'armée ; autant que chacun pourroit porter. Et ayant le premier fait tirer de ses coffres cinq cens escus, chacun contribua de mesme ce qu'il pût.

Et pour cela furent commis certains receueurs, par toutes les troupes, mesmes chez le Prince de Condé, l'Admiral, d'Andelot, & la Roche, Foucault; Ausquels fut baillé tout ce qui s'y trouva d'argent monnoyé; de sorte qu'en un moment on mit ensemble du gré d'un chacun la somme de quatre-vingts mil liures. Et fut jugé, que le conseil de l'Admiral auoit sauvé leur armée, non seulement de l'ennemy, qui en estoi proche, mais aussi des Allemands leurs Alliez, qui estoient venus à leur ayde, & la menaçoient faute d'estre payez. Ces forces Allemandes & Françoises jointes, les ennemis tournerent aussi tost teste vers Paris, marchans à grandes iournées. Ce que le frere du Roy tenoit luy estre à grand honte. Ceux du Prince de Condé au contraire pleins de joye & bonne esperance, tirerent droit à Chartres, en resolution de l'assieger. Où apres l'avoir battu quelque temps, & mis par terre un pan de muraille, & d'Andelot estant prest à donner l'assaut, soudain les trompettes du Roy arriverent à toute bride, crians, que la paix estoit faite, pour laquelle deputez de part & d'autre s'estoiẽt assemblez aupres de Paris les iours precedans. Ainsi le siege fut levé, & l'armée du Prince de Condé licentiée. Durant que l'Admiral estoit occupé à ce siege, sa femme, qui dés le commencement s'estoit retirée à Orleans avec ses enfans, y mourut de maladie. De laquelle estant adverty, soudain il partit du camp; & amena tous les Medecins, qu'il peut; qui luy vint rendre toute l'assistance d'un affectionné & fidelle mary; mais voyant que tous les remedes & l'art de la Medecine cedoient à la force du mal, apres avoir recommandé son ame à Dieu, il se retira en sa chambre; où plusieurs de ses amis le suivirent pour le consoler. Alors il se prit à dire avec larmes & soupirs, comme la pluspart s'en peuvent souvenir; Mon

Dieu, que t'ay-ie fait? quel peché ay-je commis, pour estre si rudement chastié, & accablé de tant de maux? A la mienne volonté, que ie peusse vivre plus saintement & donner un meilleur exemple de pieté? Pere tres-Saint, regarde-moy? s'il te plaist, en tes misericordes, & allege mes peines. Puis s'estant relevé, par les Chrestiennes exhortations de ses amis, il se fit amener ses enfans: & leur representa qu'une si grande perte que celle de leur mere, leur devoit enseigner, qu'il ne leur restoit plus d'appuy en ce monde: que les maisons & chasteaux quoy que bien fortifiez & somptueux, ne nous avoient point esté donnez pour une demeure & possession perpetuelle; mais, comme une hostellerie, & par emprunt: enfin, que toutes choses humaines estoient perissables & caduques hors la misericorde d'un seul Dieu; à laquelle se remettans, & rejettans toute autre ayde humaine, ils ne devoient point douter de l'y trouver. Le lendemain il fit venir leur Precepteur, nommé Gresle; & luy dit, qu'il falloit retourner en l'armée, ne sçachant pas ce qui luy pourroit arriuer; & le pria, d'avoir soin de ses enfans, & de les instruire comme il luy avoit souvent commãdé, en toute pieté & bonnes sciences. Or cette Dame, selon que nous avons monstré cy-dessus, avoit tousiours esté fort adonnée à la Religiõ, & d'une souveraine constance à supporter les afflictions de son mary & les siennes; ayant, comme plusieurs asseurent, religieusement observé la promesse, qu'elle auoit faite à son mary, de faire profession de la Religion. Entre les autres Vertus & dons de l'Esprit, qui la rendoient recommandable, le soin, qu'elle prenoit des pauvres & des malades, & ses aumosnes, luy donnoient une singuliere loüange: & les Medecins eurent opinion, que son mal luy vint en grande partie de l'infection des soldats malades, & blessez, qui estoient dans Orleans, & que sans cesse elle visitoit. Depuis la paix publiée à peine l'Admiral avoit seiourné trois iours chez luy, que de tous costez par lettres de ses amis & messagers, il est adverty, que ce n'estoit pas une paix faite, mais un conseil pris de recommencer une tres-cruelle guerre; dont se faisoient par tout tant de preparatifs, que s'il n'y pourvoyoit de bonne heure, le Prince de Condé, & luy, avec tous les principaux Chefs, se trouveroient surpris & exposez à la cruauté de leurs Ennemis. Ce qui se pouvoit assez connoistre par les garnisons qu'on envoyoit à Orleans, Auxerre, Blois & autres villes rendües; que l'on s'estoit saisy de tous les ponts, bacs, & passages, & retenu la Cavallerie au cœur de la France, & logé soubs pretexte de garnison, deux regiments d'Infanterie autour de Paris. Ce qu'ayant sçeu, il iugea que ce seroit prudemment fait pour sa seureté, de s'en aller chez son frere d'Andelot en sa maison de Tanlay ; & puis apres à Noyers, petite ville, assez forte appartenant au Prince de Condé ; qui peu auparavant s'y estoit pour mesme suiet retiré avec sa femme & ses enfans. Mais la nouveauté d'un accident arrivé en ce voyage, ne permet d'estre oubliée. Il faut sçavoir, qu'il y a un estang, non pas fort loin d'une petite ville nommée Moulin, qui est sur ce chemin d'Auxerre. De laquelle l'Admiral estant approché, un vieillard, nommé de la Grippiere, homme trés-expert en la navigation, & qui luy estoit fort fidelle & affectionné, ayant apperçeu une espece de nuée, que la force du vent poussoit avec grande violence de ce costé là, luy conseilla, plusieurs l'oyans, de donner de l'esperon, & se haster d'arriver au prochain village de peur d'estre accablez d'une prompte tépeste. Et cela dit, il se mit le premier au galop, estimant que les autres le suivoient. A peine l'avoit on perdu de veuë, & l'Admiral passant sur la chaussée de l'estang, un si grand orage s'esleva tout d'un coup, que plusieurs non seulement des hommes, mais aussi des chevaux furent terracez par le tourbillon, & plusieurs blessez de la grosseur de la gresle, & peu s'en fallut qu'il n'en fussent tuez. L'Admiral y perdit son chapeau, emporté du vent, qui apres l'Orage passé ne se pût iamais trouver; & ne receut qu'une legere blesseure à la iointure du tallon. Que si la violence du vent se fut renforcée du costé de l'estang, il n'y a point de doubte, que c'eust esté son dernier iour & de toute la compagnie. La tempeste passée, & ayant consolé les siens. Ie te rends graces, dit-il, Dieu tout puissant; & prens cet accident si estrange, pour un advertissement, que nous serons travaillez de beaucoup de maux, mais non pas opprimez. Arrivé à Noyers aupres du Prince de Condé, ils manderent au Roy par diverses lettres & envoys, qu'ils estoient bien advertis des complots qui se faisoient contre leurs vies : & supplioient tres-humblement sa Maiesté, de regarder en pitié sa patrie, qui avoit déjà esté tant travaillée par deux guerres civilles, & d'esteindre par sa prudence & pour le salut du Royaume l'embrasement que les Guisarts y vouloient renouveller pour sa ruine. L'Admiral escrivit aussi à la Duchesse de Savoye, fille du grand Roy François, la coniurant par toutes sortes de supplications, de destourner par son authorité, qu'il se promettoit devoir estre de grand poids aupres de la Reyne Mere, l'orage, qui menaçoit de ruine sa patrie affligée. Mais, quand il vit qu'il n'y auoit point de lieu aux remedes propres à la tranquilité : & que Tavannes, qui peu apres fut Mareschal de France, faisoit secrettemét approcher ses troupes de Noyers & taschoit de les investir. Il conseilla le Prince de Condé de s'en retirer avec toute sa maison, & de tirer, le plus diligemment qu'il luy seroit possible, vers la Rochelle? qui, a cause de quelques anciens droits & privileges, n'avoit point encores receu de garnison. La femme du Prince, & six petits enfans, l'un à l'âge d'un an, estoient du voyage, auquel il leur falloit passer la rivere de Loire, & qui le lendemain furent suivis de petits enfans de l'Admiral & d'Andelot, que les nourriciers firent sortir sur la minuit: & ayant passé la riuiere, ioignirent dans le Berry le surplus de la Compagnie. Mais il faut admirer, (dont plusieurs se trouuent encor tesmoins oculaires,) que comme le Prince pensoit passer secrettement en deux ou trois petites nasselles, qu'il auoit fait prendre sur le bord de l'eau, il se trouua vn quay au pied de la montagne de Sancerre, où passerent enuiron cinquante cheuaux, qui l'accompagnoient; mais les femmes, les enfans & leur suitte, passerent dans les nasselles. Qui à peine estoient passez, que le iour estant deuenu serain, la riuiere crut tellement en l'espace d'enuiron trois heures, que ceux de Sancerre & tous les pays d'alentour, reconnurent vne admirable prouidence de Dieu, & accompagnoient de bons augures, & de fauorables vœux, ces petites creatures dont il y en auoit qui crioient dans le berceau. Ce que le Roy ayant sçeu, il commanda tout aussi tost par le Conseil de sa Cour, que toutes les compagnies de Gendarmes, principalement celles qui estoient sur les confins de la Xaintonge, & du Poitou, marchassent vers la Rochelle, & à son frere le Duc d'Anjou, d'y mener le plus de forces qu'il pourroit. Cependant ceux de la Religion, qui s'estoient retirez chacun en sa ville, sur l'asseurance de la paix, & de la foy Royale, se trouuerent accablez de la multitude, & tuez de tous costez. Ce qui obligea Ieanne Reyne de Nauarre, qui durant les guerres passees, s'estoit tenuë en sa maison, à detester vne si grande perfidie, tant de fois renouuellée, & se retirer en diligence à la Rochelle, auec les troupes qu'elle pût mettre ensemble, & auec son fils Henry, qui luy a du depuis succedé, & sa fille unique. Les choses ainsi establies, l'Admiral tirât du canon de la Rochelle, delibera d'assieger la ville de Niort. Qui en peu de iours s'estant renduë, il marcha droit à Angoulesme, ville assise sur vne montagne, escarpée de tous costez, horsmis celuy de son auenuë & dans laquelle les Ennemis auoient mis vne forte garnison. L'Admiral y ayant fait loger son canon, apres vn siege de quelque iours, la place luy fut renduë par les habitans. En suitte dequoy arriua le combat de Iasennier, où l'Admiral, qui commandoit, chargea si viuement les Ennemis, que ne pouuans soustenir son effort, ils chercherent de se sauuer à la fuitte, & se retirerent à Lusignan, abandonnant tout leur bagage, dont le butin fut estimé à plus de cinquante mil escus. Le iour suiuant on surprit des Lettres d'un Secretaire d'Estat, nommé de Fizes; pleines de lamentations sur cette deffaite; adjoustant que depuis memoire d'homme vn fils de France (qui est le terme de la nation) n'auoit couru tant de hazard. L'Admiral, estant de là venu à Iarnac, s'y trouua obligé à la bataille, & peu s'en fallut, qu'il ne fut pris de l'Ennemy, qui ayant appris qu'il vouloit passer sur un pont de batteaux en une petite riviere qui court le long de la ville, luy dressa de l'autre côté une embuscade: qui l'apperceuant, luy fit une décharge d'arquebusades; & quelques uns mesmes s'efforcerét de gaigner le pont. Mais un seul arquebusier, tirant souuent, les en empescha, & y demeura mort de plusieurs balles: une douzaine d'autres, ayans accouru à son cry, prirent sa place. L'Admiral mesme, qui n'auoit pas eu loisir de s'armer, venu au bord de l'eau, l'espée nuë en la main, coupa les cordes qui tenoient le pont attaché, cependant que les ennemis qui estoient sur le bord de l'eau, ne cessoient de tirer sur luy. Ce qui fut cause, que de ce iour là, il prit des gardes, pour l'accõpagner en ces accidens inopinez. Deux iours aprés les ennemis ayans passé la Charante, le Prince de Condé, craignãt d'en estre enveloppé, encores qu'ils eussent joint des le commencement de la guerre trois mil cheuaux Allemands, & peu auparavant six mil Suisses, resolut selon son grãd courage, & sa valeur, de leur couper le passage, sans toutefois hazarder un combat general. En cet instant l'Admiral, adverty que ceux qui auoiẽt leur poste au plus pres village de l'Ennemy, en estoient investis, & en grand hazard, encores qu'ils se deffendissent vaillammẽt, ne les voulãt abandonner, part aussi tost auec quelque Cavallerie, pour les secourir. Mais reconnu de l'Ennemy, & s'y trouvant engagé, le Prince de Condé, encore que surpris, & foible de forces, ne laissa pas d'enfoncer les Ennemis : & passant au travers, enfin fut forcé de la multitude, & porté par terre son cheval estant mort sous luy, & puis tué. L'Admiral dans le ressentimẽt d'une telle perte, & de la grande charge qui luy tomboit sur les bras, se deffiant du gros des affaires, se retira avec son frere d'Andelot à Saint Iean d'Angely : & pouvant vanger l'ignominie faite au corps du Prince, sur ceux de plusieurs des plus puissans & qualifiez de l'Ennemy, & leur rendre la pareille, estima qu'il devoit garder les droits de la nature & de l'humanité, rendant aux morts ce qui leur est deu, & l'observa constammẽt. La Reyne de Navarre estoit lors à la Rochelle, qui ayant sçeu la nouvelle d'une telle perte, se rendit aussi-tost en larmes; & aprés en avoir cõsolé les principaux, & exhorté les soldats à ne perdre la memoire de leur ancienne vertu, leur dit qu'elle leur donnoit & mettoit entre les mains son fils unique pour Chef : & leur tesmoigna ouvertement, qu'elle avoit le salut de toute l'armée plus cher que celuy de ſon propre fils. Auquel Henry Prince de Condé, fils de Louys, fut adjoint & fait participant d'un ſi grand honneur. Mais la charge & conduite de toute la guerre, fut toute d'une voix, des Grands, & des Capitaines de Cavallerie & d'Infanterie, remiſe à l'Admiral, comme à celuy qui avoit plus d'authorité entre ceux de la Religion: veu qu'outre ſa grande experience dans les armes, ſon équité & ſa temperance, chacun ſçauoit, que c'eſtoit le premier des Grands du Royaume; qui avoit embraſſé la Religion auec profeſſion ouverte, reformé ſa maiſon ſuiuãt cette regle, & oſé propoſer au Roy François Secõd, detenu par l'infinité des Guiſarts, les demandes des Egliſes, & rapporté au Conſeil du Roy leur requeſte; & qui avoit le premier donné l'Exemple de pieté à la Nobleſſe Françoiſe, laquelle cõme l'on ſçait, eſtoit perduë de vices & mauvaiſes mœurs, d'avantage, que depuis ſa premiere profeſſion de la Religion, il n'auoit donné aux Egliſes reformées le moindre sujet de scandale; & lors, que de toutes parts elles se sont adressées à luy, leur auoit toûjours donné de sages conseils, & pris les armes, non pas contre le Roy, cõme quelques uns supposoient, mais à la requeste & priere de la Reyne Mere; non pas toutefois de son advis particulier, ou d'elle mesme, le Roy n'ayant pas encore douze ans accomplis; mais soubs l'authorité des Estats generaux assemblez comme il a esté dit à Orleans, & de l'Edit du Roy fait & publié à Paris d'un general consentement de tous les Ordres: qu'au contraire, à la solicitatiõ & par le conseil des Guisarts, tãt de bonnes familles estoient dépoüillées de tous leurs biens, tant de belles & puissantes villes saccagées, tant de Princes & Grands Seigneurs, & excellents Capitaines, tuez, au grand prejudice du Royaume, & ce qui est le principal, tant de florissantes Eglises, destruites presque par tout le Royaume, & enfin l'Estat exposé en proye aux estrãgers.

Apres ces choses un sensible accident survint à l'Admiral par le deceds de son frere d'Andelot; qui estoit à Saintes, d'une soudaine maladie, non sans soubçon de poison; d'autant plus qu'on avoit souvét oüi dire à la Cour au garde de Sceaux Birague qui étoit de Lombardie, & depuis fut Chancellier, que toute cette guerre ne s'acheveroit point par la force des armes, ny par tant de ruines, mais plus aysement par des cuisiniers. Et pour ce que l'Admiral les iours suiuans escriuit à ses enfans, & à ceux d'Andelot qui estoient à la Rochelle soubs un mesme precepteur, afin de les consoler, i'ay estimé à propos de rapporter icy la lettre de mot à mot dont i'ay l'original. Encores que ie ne doute point, que la mort de mon frere d'Andelot ne vous ayt apporté beaucoup d'affliction, i'ay pensé toutesfois de vous advertir que vous estes heureux d'estre fils ou nepueu d'un si grand personnage, que i'ose asseurer avoir esté tres-fi-

delle serviteur de Dieu, & tres-ex- "
cellent & renommé Capitaine. Qui "
sont vertus, dont la memoire & "
l'exemple vous doivent estre tou- "
jours devant les yeux, pour les imi- "
ter autant qu'il vous sera possible. "
Et puis dire avec verité, que person- "
ne en Frãce ne la surpasse en la pro- "
fession des armes, ne doutant point "
que les Estrangers ne luy rendent ce "
mesme tesmoignage, sur tout ceux "
qui ont autrefois esprouvé sa valeur. "
Or il ne s'estoit pas acquis une si "
haute reputation par faineantise ou "
par oisiveté; mais par de tres-grãds "
travaux qu'il avoit soufferts pour sa "
patrie. Et certes, je n'ay point con- "
neu d'homme, ny plus equitable "
ny plus amateur de pieté envers "
Dieu. Ie n'ignore pas aussi qu'il ne "
me sera pas bien seant, de publier "
ses louanges aux estrangers. Mais je "
vous les presente plus librement "
pour vous inciter & aiguillonner à "
l'imitatiõ de si grandes vertus; que "
je me propose moy mesme pour ex- "

,,emple; ſuppliant tres-humblemẽt
,,Dieu & noſtre Seigneur, que ie
,,puiſſe partir de cette vie auſſi pieu-
,,ſement & heureuſement, que ie
,,l'ay veu mourir, Et d'autant que ie
,,le regrette dans un extreme reſſen-
,,timent, ie vous demande pour tem-
,,peramẽt à ma douleur, que ie puiſ-
,,ſe voir reluire & revivre en vous
,,ces vertus, & pour cet effet, de vous
,,addonner de tout voſtre cœur à la
,,pieté & à la Religiō, & d'employer
,,pendant que vous eſtes en âge; vo-
,,ſtre temps en l'eſtudu des bonnes
,,lettres, qui vous mettent dans le
,,chemin de la vertu, Et combien que
,,ie ne ſois pas contraire aux heures
,,que voſtre precepteur donne, pour
,,vous eſbattre & abſenter de vos li-
,,ures, prenez garde toutefois, de ne
,,rien faire ou dire dans vos eſbatte-
,,mens qui puiſſe offencer Dieu, Sur
,,toutes choſes honnorez voſtre Mai-
,,ſtre & luy obeyſſez comme à moy-
,,meſme; m'aſſeurant, qu'il ne vous
,,enſeignera ny conſeillera rien que

pour vôtre hõneur &profit. Au reste « si vous m'aymez, ou plûtost vous « mesme, prenez peine que ie reçoive « tousiours d'agreables nouvelles de « vous, & de croistre autant en pieté « & vertu que d'âge & de corps. Dieu « vous benisse, & vous tienne en sa « garde, & par son Esprit vous con- « serve eternellement. A Xainctes, ce « dix-huitiéme May 1569. Chastillon. «

Or cette vertueuse constance de l'Admiral à supporter une si grande affliction, ne fut pas inconnuë aux autres. Car encore qu'il eut perdu un tel frere, duquel il n'avoit point connu le pareil, ny en pieté, equité & valeur, ny en glorieuses actions & sciences militaires l'appellant à chaque fois son bras droict: toutefois tesmoignoit par ses propos ordinaires, de ne subsister que par la providence divine, comme connoissant & ayant à toute heure en bouche que le gouvernement de l'Eglise de Dieu ne dependoit des conseils humains, ny leur armée Chrestienne de la valeur des Chefs, en faisant souvent mention aux siens de celle de son frere, il s'escrioit, ô que bien heureux est d'Andelot, d'avoir avec tant de pieté & felicité achevé le cours de sa vie. Environ ce temps-là, il receut nouvelles, que le Duc des Deux Ponts estoit entré en France avec une puissante armée Allemande, pour le secourir, & avoit forcé la Charité, qui touche le pays de Berry, au sortir du pont qu'elle a sur la riviere : & que l'ayant passée avec toutes ses troupes, & estant arrivé par le Limosin à la ville de Chalus, il estoit mort le mesme iour d'une violente maladie, devant que l'Admiral l'eut pû joindre, comme il l'avoit resolu. Vvolrad, Comte de Mansfelds, son Lieutenant general, fut esleu en sa place. Les ennemis redouterent merveilleusement cette conjonction, & n'y avoit endroit en France que l'on n'eust opinion que si les Allemands estoient joints aux François, ce ne fut fait de l'Armée du Roy, & que la Cour ne se trouva contrainte de venir aux supplications à ses ennemis. Ceux aussi de l'armée & des villes, qui estoient desireux de la paix & du repos public, detestoient ouvertement les autheurs de la perfidie, de laquelle & des parjuremens, ils disoient les issuës avoir esté de tout temps funestes & ruineuses. Et n'y avoit point de doute, que si l'Admiral avec toutes ses forces iointes, fut entré dans le cœur de la France, & approché Paris, plusieurs villes ne se fussent renduës à luy. Ce qui se confirma en ce que le Duc d'Anjou s'estant avancé avec son armée, & venu aux mains, fut aisement repoussé avec une notable perte de tous ses gens de pied, & de la prise de Strosse, parent de la Reine Mere qui leur commandoit. Or l'Admiral esperant que de si grandes forces ensemble pourroient fleschir l'esprit du Roy à quelque equité & douceur, le supplia par sa requeste au nom de toute l'armée, n'ayant pû obtenir passe-port du Duc d'Anjou, pour envoyer des deputez: & le côiura qu'il ne s'affermist davãtage, mais eust plustost pitié de son peuple & de ses miseres; & cõsiderât que si la guerre duroit plus long-temps, quelle ruine receuroit la France, ravagée par vingt mil estrangers venus au secours des deux partis; que les choses estoiét reduites à tel point, que ny la reconciliation des esprits, ny l'amour & la compassion de la patrie, mais la seule ruine, sembloit mettre fin à la guerre civille, qu'il falloit perpetuellement demeurer dans le sang, le fer, la fuite & le brigandage; & partant qu'il luy pleut d'espargner ceux de sa nation, qui avoient desia soufferts tant & de si longues pertes, & de n'adjouster pas tant de foy aux Cardinaux & Italiens, qui auoient trop de pouvoir en sa Cour, attendu que les estrangers ne sont pas si touchez des miseres des François que les François mesmes; & que c'estoit un temps fort propre à traiter de la paix, lors que chacun des partis se confioit en sa force, ce, & que les conditions en estoient faciles ; puis que tous ceux qui se trouvoient en armes avec luy, ne demãdoiẽt que le libre exercice de leur Religion, qui leur avoit esté tant de fois permis de l'authorité des Estats, & par plusieurs Edits du Roy ; & que c'estoit une extreme folie de quelque petit nombre d'Italiens, & des proches de sa Majesté, de penser que deux cens mille hommes de la Religion peussent estre aisement destruits & abolis, dont l'evenement avoit rendu cy-devant assez de preuve contraire. Le Duc d'Anjou apres avoir receu l'affront, qui a esté dit, congedia par l'avis des siens, pour un mois ou deux, une grande partie de son armée, & principalement de sa cavalerie, les renvoyant en leurs maisons pour se refaire. Mais le Comte de Mansfeld ayant esté esleu en la place du Duc des Deux Ponts, & les choses en l'estat que nous avons dit, l'Admiral ayant assemblé le Conseil, furent tous d'aduis, que tous les villes & la plat pays, estant depuis le port de la Rochelle & toute la coste de la mer en la puissance de ceux de la Religió, on en devoit fortifier la frontiere, & essayer de prendre Poitiers, pour servir de boulevart à tout le païs. Ce dessein semble estre grandement favorisé par la prise de Lusignan, l'une des plus fortes places du Royaume, laquelle aprés le siege de peu de iours s'estoit renduë; comme aussi avoit fait Chastelleraut. Le camp estant donc devant Poitiers, & le siege commencé, l'Admiral entre tant de veilles & de travaux est attaqué d'une dissenterie, qui durant trente jours l'abbatit de telle façon, qu'il ne pouvoit ny agir, ny donner ses conseils. Mais les habitans rafraichis à toutes heures de vivres & de soldats, & encouragez par leurs frequentes sorties, & par les lettres & promesses du Roy, soustenoiét vigoureusemét le siege. Toutesfois il est certain que sans la maladie de l'Admiral, la place eust esté reduite en son pouvoir. En ce mesme téps, vn certain Dominique d'Albe, Gascon, serviteur domestique de l'Admiral, estant revenu tout joyeux de l'armée du Roy, où il avoit esté quelque mois prisonnier, donna sujet de soubçon à quelques-vns, tant par la vanité, que par la varieté de ses discours; de sorte qu'estant pris, il monstra une boëte pleine de poison, qu'il confessa luy avoir esté baillée par La-riviere, Capitaine des gardes du Duc d'Anjou, & par un sien serviteur, avec promesse de deux mil escus, s'il empoisonnoit & faisoit mourir son maistre; ce qu'ayant esté connu, il fut condamné d'estre pendu; l'Admiral mesme priát pour luy, à ce que selon l'avis de plusieurs des Iuges, il ne fut plus rigoureusement puny. L'Admiral n'estant pas encor guery, sur la nouvelle que Chastelleraut estoit assiegé de l'ennemy, il se fit porter en litiere, & ayant jetté quelques soldats dedans, mit les assiegeans en deroute avec grande tuerie, principalement des Italiens; & ne cessa de les poursuivre qu'ils n'eussent passé la Creuse, ainsi appellée à cause de sa profondeur. Cependant le Duc de Guise, encores fort ieune, qui commandoit dans Poitiers, sortant la nuit de la ville avec nombre de gens, y en fit entrer d'autres tout frais. Et peu apres le Duc d'Aniou, ayant remis sur pied de grandes forces, de François, d'Allemās & de Suisses, vint à Chinon. Mais l'armée de ceux de la Religion se trouva fort fatiguée, faute de viures & de vin, & par la saison & les pluyes, outre la maladie qui avoit rudement attaqué l'Infanterie, sur tout l'Allemande : partie aussi des Xainctongeois s'estoit retirée chez eux, & partie à la Charité & à Sancerre, pour se refaire. Ce que venu à la connoissance de l'Admiral, estimant que le delay estoit necessaire, il retenoit les courages qui brûloient de combattre ; & toutesfois on n'entendoit que menaces des Soldats & des Capitaines, de s'en retourner en leurs maisons, & pourvoir à leurs affaires, &

que chacun feroit plus aisément la guerre, & trouveroit plus de commoditez en son pays qu'en vn autre; veu mesme que tenans plusieurs villes en Guyenne, Dauphiné, & sur la riviere de Loire, ils s'y pourroient retirer, & faire des courses sur leurs ennemis, & piller la campagne. Les Allemans, ausquels plusieurs montres estoient deuës, n'en disoient pas moins, & qu'il falloit plustost en venir en vn combat, que d'estre si long temps hors de leur pays & de leurs maisons: &, s'en fallut bien peu, que des principaux abandonans le camp, n'amenassent avec eux vne grande partie des troupes. Ainsi le conseil pris de combattre, les deux armées s'estans approchées de Moncontour pour camper, les premiers de l'avangarde des Ennemis, chargerent à l'impourveu les coureurs, & quelques compagnies d'infanterie du gros, le plus avancé que l'Admiral commandoit: &, qui n'ayant peu trouver celuy qui portoit ses armes, ne laissa pas de donner en pourpoint dans les Ennemis, & suiuy du Comte de Mansfeld, les renversa, & fit quitter le camp. Et se trouvant entre deux un ruisseau que l'Ennemy s'efforçoit de passer, l'Admiral s'avançant sur le bord avec quelques arquebusiers deuant, le premier bataillon l'en empescha, & garda ce poste-là, iusques à la nuit, encores que l'ennemy ne cessast de faire tirer sur luy ses grosses & petites pieces: & s'il eust peu passer lors le ruisseau, & charger la bataille de l'Admiral, il n'est pas croyable cõbien il y eût apporté de dõmage, estant d'un tiers plus fort, & venãt tout frais & reposé aux mains avec des gens lassez, & fatiguez, qui eurent seulement deux iours de relasche. Aprés lesquels, en la bataille donnée au troisiéme, la pluspart de l'Infanterie fut taillée en pieces, & la cavalerie rompuë & mise en fuite. L'Admiral ayant chargé avec deux cens chevaux François, six cens Reitres, qui avec une gresle de coups de pistolet, luy firent tomber l'espée & le baudrier,& rompirent la couroye d'embas de sa cuirasse, qui ne tenoit plus que par celle d'enhaut, fut blessé au costé droit du nez; le sang ne pouvant sortir, à cause de sa visiere qui estoit baissée. Enfin tiré de la presse, à l'ayde d'un ieune Gentil-homme Normãd nommé Plotiniere (qu'il avoit nourry page;) est conduit à Parthenay, où il fit admirer sa constance de courage, en ce que plusieurs ayans perdu toute esperance apres une telle perte, il ne cessa de les consoler & rasseurer, envoyant lettres de tous costez, afin que ceux qui se trouuoient en armes, ne perdissent cœur, & n'estimassent la playe si grande qu'en peu de iours on n'y pût remedier. Le lendemain il vint à Niort, & de là en Xaintonge, où il demeura sept iours pour faire panser sa blessure, qui ne pût estre guerie qu'en vingt cinq. Or comme il estoit encor entre tant de travaux, soucis & difficultez, il eut avis que la Cour de Parlement de Paris avoit le treiziéme de Septembru 1569. donné Arrest contre luy, par léquel il estoit condamné de crime de leze Maiesté, & la somme de cinquante mil escus ordonnée à celuy qui l'ameneroit vif au Roy: Davantage, qu'un certain Italien nommé Martinengue, condamné en son pays pour trahison, avoit esté envoyé au Roy avec quelques compagnies de gens de pied à Chastillon, où non seulement le Chasteau fut pillé & de precieux meubles pris, de non moindre valeur que de cent mil escus, & qui depuis tant d'années y avoient esté conservez; mais aussi la Ville estant au bas fut tellement brûlée, qu'à peine il en resta quelque trace: dont tant s'en faut que la nouvelle par un surcroist d'affliction le detournast des affaires, qu'il n'en fit pas seulement paroistre en son visage le moindre trouble, disant mesme constamment à ses amis, que par une singuliére grace de Dieu il sçavoit posseder ce qu'on appelle biens, & n'en estre pas possedé, & qu'ils luy avoient toûjours esté soûmis, & non pas luy à eux. Or encore que durant les guerres civiles, les Princes Seigneurs, Gentils-hommes & Soldats de cheval ou de pied, dont les terres estoient prises du Roy, ayant accoustumé de vivre & s'entretenir de la guerre d'un iour à l'autre, si est-ce qu'il s'en trouva bien peu qui payassent continuellement comme luy pour soy & sa famille, les Ho tes & les Cabaretiers; ayans à cét effet non seulement emprunté à grands interests de notables sommes; mais aussi engagé une bonne partie des ornemens & bagues de sa femme, sans en avoir vsé autrement, iusques à ce que depouillé de tous moyens particuliers & domestiques, comme il luy arriva sur la fin de la troisiéme guerre civile, il fut contraint de demander dās le Conseil des Princes quelque subvention pour l'entretenement de sa famille. Il escrivit aussi à ses enfans, & de feu son frere d'Andelot, qui estoient à la

Rochelle sous un mesme Precepteur, dont i'ay l'original de la lettre, ayant estimé digne d'en rapporter icy la version & le contenu.

I'Eusse bien desiré de vous dire ces choses en presence & de vous voir; mais puis que la commodité m'en est maintenant ostée, i'ay pensé de vous exhorter d'avoir la pieté & crainte de Dieu tousiours devant les yeux; veu principalement que l'usage & l'experience vous a desja pu apprendre, & qu'il ne faut pas nous asseurer sur ce qu'on appelle biens, mais plustost mettre nostre esperance ailleurs qu'en la terre, & acquerir d'autres moyens que ceux qui se voyent des yeux, & se touchent des mains. Ce qui n'etant pas en nostre pouvoir, il faut humblement supplier Dieu qu'il luy plaise de nous conduire iusques au bout dans le bon & seur chemin, lequel ne faut pas esperer doux & plaisant, ny accompagné de toutes prosperitez temporelles; Il nous faut suivre Iesus-Christ nostre chef, qui a marché devant nous. Les hommes nous ont ravy ce qu'ils pouvoient, & si telle est tousiours la volonté de Dieu, nous serons heureux, & nostre condition bonne, veu que cette perte ne nous est arrivée par aucune injure que vous eussiez faite à ceux qui vous l'ont apportée, mais par la seule haine qu'on me veut, de ce qu'il a pleu à Dieu de se servir de moy pour assister son Eglise. Et pour t... si pour ce sujet nous souffrons des pertes & incommoditez, nous sommes bien-heureux, & receurons un salaire sur lequel les hommes n'auront point de pouuoir. I'aurois plusieurs autres choses à vous escrire, si le loisir me le permettoit. Pour le present il me suffira de vous admonester, & coniurer au nom de Dieu, de perseverer courageusement en l'estude de la vertu, & tesmoigner par vos actions & paroles, & en toute vostre vie, combien vous avez en horreur toute sorte de vices. Obeissez à vostre Maistre & à vos superieurs, afin que si ie jouy plus rarement de vostre *presence & de vostre veuë, i'entende pour le moins souventesfois que vous estes de bonnes & honnestes mœurs. Pour la fin, si c'est la volonté de Dieu que nous endurions, ou en nos personnes ou en nos biens, quelque dommage pour la Religion de laquelle il veut estre servy, nous devons nous en reputer bien-heureux. Et certes ie le supplie qu'il luy plaise vous estre en ayde, & tenir en sa protection, & de vous conserver en vos ieunes ans. Adieu. De Xaincte, ce seiziéme Octobre 1569.*

CHASTILLON.

En cette mesme ville ayant esté souvent tenu conseil pour le gros des affaires, enfin il fut arresté par l'avis des principaux, qu'apres avoir asseuré & pourveu de garnisons les villes, de prendre, avec les plus lestes de la cavalerie, la route du Thoulousain. Montauban, ville forte d'assiette & de fortifications, estoit en ces quartiers-là, tenuë par ceux de la Religion, qui avoient amassé une somme d'argent assez notable pour la paye des Allemands. A quoy s'adjoustoit l'esperance, aprés avoir passé la Garonne & le Lotion, de joindre les troupes de Montgommery, homme de gloire & d'experience & authorité en la guerre, commandoit, & avec lesquelles il avoit reduit & pacifié le Bearn. Ce voyage ne receut aucun retardement, encores que fort penible, à cause des chemins rudes & fascheux; & qu'il y eut garnison dans toutes les villes, & que les ponts fussent coupez & les bacs ostez, & nul ne se trouva si hardy d'attaquer des Soldats fatiguez, & la pluspart desarmez, ny de leur empescher le passage des rivieres sur des batteaux attachez ensemble. Tellement qu'apres un long chemin ils arriverent à Montauban, d'où l'Admiral depescha vers le Roy & la Reine, pour les supplier au nom de tous ceux qui estoient en armes avec luy; de ne souffrir que tant de vaillans hommes des deux partis s'entretuassent; mais plustost de mettre fin par leur clemence à tant de maux & de peines. Que la guerre estoit un conseil de quelques Evesques & Cardinaux qui n'estoient iamais aux coups, & de quelques Italiens, insensibles aux miseres de la France : & qu'il y avoit de l'extreme folie, d'asseurer que deux cens mil hommes de la Religion, entre lesquels il se trouvoit nombre de Noblesse, peussent estre sans difficulté deffaits & détruits. D'avantage qu'il y en avoit plusieurs d'entre les Catholiques, qui ne seroient à l'advenir exempts des maux communs, les uns mourans dans le combat, les autres de travail, & la plus part recevans une grande perte & ruine de leurs biens. Que selon qu'il se disoit ordinairement à la Cour, *Le Roy n'espargne point la vie de ses sujets, pourveu qu'il ruinast ses ennemis*, s'accordoit mal avec la Maiesté Royale, & que cette parole, *Mes amis perissent pourveu qu'avec mes ennemis*, estoit d'un Tyran, & non pas d'un Roy.

Qu'on pouvoit aisément avoir la paix en faisant observer ce qui avoit esté authorisé des Estats tenus à Orleans, & par l'Edit publié à Paris, & que l'exercice libre de la Religion fust permis en certains lieux. Aprés l'envoy de ces deputez, la resolution fut prise de passer la Garonne, qui estoit entre les troupes de l'Admiral & celles du Comte de Montgommery, Ce que la profondeur, largeur & rapidité de ce fleuve sembloit rendre difficile, sur le bord duquel la ville dite le port Sainte Marie, estant scituée, l'Admiral ne manqua de s'en saisir, & à cause que Montgomery se trouvoit de l'autre costé, d'y faire un pont de cette façon, Premierement, il fit poser bien avant dans l'eau deux rangs, chacun de quatorze pieux ferrez, de vingt-quatre pieds de long, sur lesquels estans vis à vis l'un de l'autre, avec l'espace entre deux pour la largeur du passage, l'on mit de fortes traverses de chevrons, bien iointes & attachées avec des chevilles, &

par le droit d'autres traits qui furent couverts de planches avec leur affermissement & gardés-foux de deux costez, & á chaque bout du pont un autre petit avec deux roues pour en faliciter aux chevaux la montée & la descente, & pour y donner plus de fermeté, les pilliers furent liez les uns aux autres avec des chaisnes de fer & des cables attachez aux deux bords de la terre à des pieux. L'ouvrage achevé, & deux iours employez à passer la cavallerie Allemande, quelques moulins assis sur des batteaux qui estoient au dessus, ayans esté detachez exprés, & portez en pleine nuict à val, par la roideur du fil de l'eau, le heurterent avec telle impetuosité qu'ils le rompirent & renverserent; ce qui arriva par la negligence de ceux qui gardoient les deux costez, & pour n'y avoir pas assez de cordages. De sorte qu'on trouva plus à propos de faire avec un pont de batteaux passage à Montgomery, qui fut suivy par les Allemands faiſans la retraite. L'Admiral apres avoir donné quelques iours aux Soldats pour ſe refaire, prit ſa marche vers Thoulouſe, reduiſant quelques petites places d'alentour; partie de bonne volonté, partie par force, encores qu'il n'euſt que deux canons qu'il avoit pris à Montauban, deſquelles s'eſtant aſſeuré il tira vers le Vivarez & le Rhoſne; & ſçachant qu'il y en avoit au Dauphiné ſur pied & en armes qui favoriſoient ſon party, & tenoient quelques places, il leur envoya une partie de ſes troupes, pour ſonder s'il en pourroit ſaiſir d'autres, dont il donna la charge à Louys de Naſſau, duquel nous avons deſia parlé, qui ayant paſſé ſur un pont de bateaux, apporta une telle frayeur au reſte du Dauphiné, que chacun s'enfuit dans les villes; mais n'ayant point de canon, & eſtimant que ſans s'y arreſter davantage il avoit aſſez acquis de loüange, & teſmoigné ſa valeur, aprés avoir pillé le plat pays, il ramena en peu de iours à l'Admiral ses troupes en bon estat, & sains & sauves, ce qui rendit son courage & sa conduite grandement recommandables envers les Allemands & les François. Peu de iours apres, l'Admiral par trop de travail & de veilles estant tombé malade & fort tourmenté, reconnoissant toutefois le besoin de s'approcher le plustost qu'il pourroit de la riviere de Loire, se fit porter en litiere, sans s'arrester nulle part, pour joindre environ deux mil hommes qui s'estoient assemblez en armes autour de la Charité & de Sancerre, jugeant que ce renfort luy importoit d'autant plus, que le Mareschal de Cossé, apres la victoire de Xainctonge ayant esté substitué en la place du Duc d'Anjou, se disoit approcher de ces quartiers avec toutes les forces du Roy, & de venir droit à luy, qui luy manda par un trompette envoyé en son camp sur le sujet de quelques prisonners, qu'il n'avoit point besoin de prendre tant de peine de se haster, dautant que pour le soulager du travail du chemin, il seroit incontinent à luy ; mais sur ces entrefaites les Deputez du Roy, envoyez pour traiter d'accommodement & de paix, le viennent trouver en Forest où il estoit arrivé avec son armée ; car les Courtisans, qui le tenoient pour perdu & sans resource, voyans qu'il avoit remis tant de forces sur pied, & refait une puissante armée, craignoient que ioint avec les troupes de la Charité, il s'achemi-nast droit à Paris, & bruslast leurs maisons des champs & des faux-bourgs, & celles des Presidens & Conseillers, comme il avoit fait aux principaux de Thoulouse. Mais aprés avoir fait partie du chemin en litiere, sa maladie s'augmenta si fort, que les Medecins douterent qu'il y peust resister, mesmes avec tant de soin & de travail d'esprit, de sorte que tout Traité de Paix fut rompu & differé. Ce que des principaux de la Religion, lassez de la longueur de la guerre, trouverent mauvais, se plaignans aux Deputez qu'il n'estoit pas raisonnable que l'indisposition d'un seul Admiral, fust cause d'interrompre toute negociation de Paix; ajoustans qu'encores qu'il vint à mourir, ils en restoit plusieurs autres avec lesquels on pourroit traiter; A quoy les deputez respondirent qu'il leur estoit bien estrange qu'ils ne vissent pas de quel poids & authorité estoit leur Admiral, lequel, disoient ils, estant mort auiourd'huy, demain nous ne vous offririons pas un verre d'eau; comme si vous ignoriez que le nom de l'Admiral vaut plus à vous rendre considerables, que ne feroit encores une autre telle armée que la vostre. Mais l'Admiral ayant recouvré sa santé & ses forces, par la deliberation du Conseil sur l'accommodement on esleut des Deputez pour s'en aller en compagnie de ceux du Roy, avec charge de representer que ceux de la Religion, ne desiroient rien tant que la paix, & ne haissoient rien tant que la guerre ; mais qu'il n'y avoit personne, qui ne souhaitât plûtost toute sorte de souffrances, & la mort mesme, que de renoncer contre sa conscience à sa Religion, & au service du vray Dieu. Que s'il plaisoit au Roy de leur en permettre la liberté & l'exercice, comme il avoit fait les années precedentes, auec quelques villes de seureté, qu'il ne se trouveroit personne, qui trés-volontiers ne jettât pour iamais les armes bas. En suite de ces articles l'Admiral fit marcher son armée : & en passant prit René-le-Duc, où déja estoient arrivez les Coureurs du Mareschal de Cossé ; & depuis ce iour là, il ne s'en passa point sans escarmouche : & peu s'en fallut, qu'en l'vne les soldats s'estans eschauffez, on n'en vint à vn combat general ; ne se trouvant qu'vn ruisseau entre les deux armées ; & Montgommery ayant enfoncé, & tourné en fuitte les premieres troupes des ennemis, commandées par la

Valette Gascon, & de grand credit entr'eux. Mais les deputez du Roy, retournez au Camp de l'Admiral, demanderent quelque temps de Tréve, pour acheuer le traicté d'accommodement qu'ils avoient commencé: d'autant que ceux du Parlement de Paris, qui est de grande authorité auprès du Roy, estoient en vne extrême alarme, des menaces qu'on leur faisoit de ruiner & brûler leurs maisons; n'y ayant personne en toute la France, qui esmeuve plus âsprement à la guerre, lors qu'elle est éloignée d'eux, ou qui se porte plus lâchement à recevoir toute sorte de conditions de paix, quand l'Ennemy en est proche. Enfin, apres diverses allées & venuës des deputez de part & d'autre, l'Edict du Roy fut apporté, contenant permission de l'exercice de la Religion en certains lieux, avec les villes de la Rochelle, Montauban, Cognac, & la Charité pour seureté. Cette paix, qui est la troisiéme, ainsi faicte, & l'Edict publié par tout le royaume, l'Admiral, ayant conduit les Reitres sur les frontieres d'Allemagne, le mit dans la Rochelle, entre les mains de la Reyne de Navarre, & des jeunes Princes; & y sejourna quelques iours, iusques à ce qu'il vist la paix bien establie de toutes parts. Et s'asseurant sur les promesses & serment du Roy, de ses freres, & des Parlemens, & pensant avoir trouvé apres tant de trauaux quelque repos, il prit dessein de se remarier, à la priere de ses amis, & sur tout des parens de Iacqueline de Montbet, fille du Comte d'Entremont, & vefve du Baron d'Anton; de la modestie, pieté, & sainctes mœurs de laquelle il avoit dés long-temps auparauant oüy parler; & l'épousa en la ville de la Rochelle, où elle avoit esté honorablement amenée: & en suitte, il donna sa fille Louyse de Coligny, à Teligny, ieune homme, d'illustre maison, & d'excellente vertu, & qui de toute la Noblesse sembloit estre le mieux venu & plus agreable au Roy, & par la persuasion duquel il est certain que l'Admiral conceut vne entiere confiance de la parole & bienveillance de sa Majesté : que l'année suivante, mil cinq cens soixante vnze, par de caressantes & honorables lettres, convia l'Admiral de venir à Blois, où la Cour estoit, le priant de s'entremettre pour l'accommodement du mariage de la Princesse Marguerite sa sœur, auec le Roy de Navarre ; luy representant à chaque fois par ceux qu'il luy envoyoit, qu'il n'y avoit point de plus ferme lien pour l'affermissement de la paix & concorde publique, ny de plus certain moyen pour la reünion des esprits en toutes sortes de conditions & qualitez, que cettuy-là. Mais l'Admiral ne fut pas plustost party, que le Duc de Guise, par le conseil du Cardinal son oncle, & l'instance de sa mere, se proposa de renouveller la plainte de la mort de son pere. Ce qui fut cause, que le Roy, interposant son authorité, & leur prescrivant la forme de l'accommodement, modément ; ordonna qu'elle seroit jurée & signée des deux parties, & la memoire de cette querelle entierement esteinte ; mais les iours suivans le Duc de Guise estant arrivé à Paris, avec grande suite de gens armez, & l'Admiral qui s'estoit retiré à Chastillon, ayant fait supplier le Roy par son gendre Teligny, qu'il plût à sa Majesté de luy permettre d'avoir quelques soldats pour la garde de sa maison ; le Roy luy fit responsc de sa main par Bricquemault, Gentilhomme de grande vertu & reputation, qu'il auroit tres-agreable qu'il pourveust avec toute sorte de diligence à sa seureté ; & luy permit de mettre en sa maison & prés de sa personne telle garnison qu'il voudroit, luy demandant qu'il se fiast en sa bien-veillance, & ne doutast point qu'il ne deust esperer & attendre de sa Majesté toute la deffence & protection qui est deuë d'un bon Maistre à un bon serviteur. Ces lettres escrites de la propre main du Roy en plusieurs termes semblables, furent leuës avec beaucoup de joye par plusieurs personnes, qui iugerent n'y avoir plus lieu de douter des bonnes graces du Roy à l'endroit de l'Admiral ; ce qui obligea Louys de Nassau, duquel il a esté parlé cy-dessus, pour ne perdre une si belle occasion de bien faire, de traiter au nom du Prince d'Orenge, son frere, avec le Roy, qui l'avoit fait venir secretement en sa Cour, & luy representer qu'il y avoit au Païs-bas plusieurs Villes, ennuyées de la rage, luxure ; avarice & cruauté de l'Espagnol, ausquelles si sa Majesté tendoit la main, se remettroient volontiers sous sa foy & obeissance ; Dequoy ayans esté quelques iours employez à traitter, enfin le Roy luy donna sa parole d'y envoyer dans peu de temps l'Admiral avec de grandes forces, & fut arresté entr'eux, que si cette guerre avoit une heureuse issuë, toute le pays depuis Anvers iusques à la Picardie, appartiendroit au Roy, & la Holande, Zelande & Frise au

Prince d'Orenge. En ce mesme temps furent surprises des lettres du Cardinal de Pelué au Cardinal de Lorraine, qui portoient que le Roy " ne fut iamais plus resolu, & que veu " sa singuliere affection, de la Reyne " sa Mere & du Duc d'Anjou, il con- " cevoit une entiere esperance de " l'heureux succés de leur commun " dessein. Que depuis l'arrivée de " l'Admiral, le Roy avoit procedé " avec beaucoup plus de prudence, " & beaucoup mieux joüé son per- " sonnage qu'ils n'eussent crû, estant " persuadé ensuite qu'il n'avoit laissé " à l'Admiral aucun sujet de soupçon " ou doute de sa bonne volonté, ce " que le Cardinal n'ignoroit pas estre " l'asseurãce de tout ce qui auoit esté " concerté entre eux. Que le Roy " avoit receu si franchement l'ouver- " ture de la guerre à l Espagnol, que " l'Admiral en avoit conceu vne " tres-bonne opinion de la bien- " veillance du Roy, & qu'il avoit esté " besoin d'user de ces artifices, en "

„ attendant l'euenement d'un Con-
„ seil secret, duquel le Roy d'Espa-
„ gne avoit esté soigneusement ad-
„ verty, & donné ordre qu'il ne prist
„ point d'alarme de l'apparat de
„ guerre qui se faisoit en apparence,
„ & pour venir plus aisement à l'e-
„ xecution d'un bon dessein; & pour-
„ tant que le Cardinal, quoy qu'il
„ eust entendu avoir esté fait, ou en-
„ tendroit cy-aprés, s'asseurast que
„ le Roy ne se departiroit point de
„ son entreprise. Que tout ce qui
„ se faisoit, tendoit & s'ajustoit à un
„ but. Que rien n'est si avant dans
„ l'esprit du Roy ny de la Reyne sa
„ Mere, ny de son frere; & qu'aussi
„ tost que l'affaire seroit faite, il luy
„ en donneroit certain advis par
„ messager exprés & fidel. Quant
„ au mariage du Roy de Navarre,
„ qu'il seroit bien-tost accomply,
„ comme il esperoit, estant neces-
„ saire que ce fust le commence-
„ ment de l'execution qui devoit
„ suivre, & que le terme s'écouloit

qui avoit esté desighé pour dõner en garde les quatre villes. Celuy qui envoya la copie de ces lettres à l'Admiral, se promettoit qu'elles le feroient pẽser à sa seureté, & pourvoir à ses affaires : mais telle estoit l'asseurance, qu'il auoit de la foy & bonne volonté du Roy, qui luy estoient à toutes heures confirmées par Teligny son gendre, qu'ayant esté si clair-voyant en toutes choses, il fut par ie ne sçay quelle destinée aveuglé en celle-cy. Mais le recit d'un infernal massacre a compris sommairement tout ce discours & ces tragiques evenemens, ensemble la celebration du mariage du Roy de Navarre, & les pompes, tournois & magnificences qui s'y firent. Et pourtant il nous reste à representer seulement ce qui regarde la fin de la vie de l'Admiral, dõt nous avons de tres-certains tesmoignages, apres avoir toutesfois rapporté la copie des lettres que le propre iour des nopces il escrivit de sa propre main à sa femme, qui estoit grosse, desquelles ayans l'original, qui peut beaucoup servir à la verité de l'Histoire: nous n'avons pas estimé n'en devoir faire mention en ce lieu.

MA tres-chere & tres-aimée femme, aujourd'huy se sont faites les nopces de la sœur du Roy, & du Roy de Navarre, & ensuite trois ou quatre iours se passeront en plaisirs, festins, mascarades, balets & tournois: apres lesquels le Roy m'a confirmé qu'il me donnera quelques iours pour oüir les plaintes qui se font de divers endroits de son Royaume, sur le violement de l'Edit de pacification, en quoy ie suis obligé de travailler de tout mon pouvoir; car encor que i'aye un tres-grand desir de vous voir, ie pense toutesfois que nous aurions tous deux beaucoup de regret, si ie manquois de soin & devoir en affaire; mais ce delay ne retardera point tant mon partement de cette ville, que ie n'aye congé de partir la semaine prochaine, si ie n'avois esgard qu'à ma commodité, il me se-

roit bien plus agreable d'estre avec vous, que de sejourner davantage en Cour, pour les raisons que ie vous diray en presence; Mais il faut avoir plus de consideration de l'interest public, que de son plaisir ou profit particulier. I'ay d'autres choses à vous communiquer, aussi-tost que ie vous pourray voir, comme ie souhaite continuellement iour & nuit. Au reste tout ce que ie vous puis dire à present, est qu'aujourd'huy quatre heures apres midy estoient passées, quand la Messe nuptiale a esté dite, pendant laquelle le Roy de Navarre se promenoit en une court hors de l'Eglise, avec quelques Gentils-hommes de nostre Religion, qui l'avoient suivy. Il y a plusieurs petites particularitez, dont ie reserve à vous entretenir à nostre premiere veuë. Cependant ie prie Dieu, ma tres-chere & tres-aimée femme, qu'il vous tienne en sa garde. A Paris ce dix-huit Aoust 1572. Depuis trois iours i'ay esté tourmenté de la colique venteuse & nephretique; qui, Dieu *mercy, ne m'ayant duré que huict ou dix heures, i'en suis par la mesme bonté entierement delivré; & vous asseure que dans la foule de ces festins, & de ces jeux, ie n'importuneray personne. Adieu encores un coup, & au dessous; vostre tres-affectionné mary* CHASTILLON.

Le cinquiéme iour d'apres ces lettres, qui fut le vingt-deuxiéme d'Aoust, comme l'Admiral retournoit du Conseil en son logis pour disner, passant pardevant la maison d'un Chanoine nommé Villemur, qui avoit esté Precepteur du Duc de Guise, il fut blessé en trois endroits d'une arquebusade, tirée par les treillis d'une fenestre, une des bales luy ayant brisé le maistre doigt de la main droite, & les deux autres percé le bras gauche; ce que l'Histoire du furieux massacre, dont nous avons parlé cy-dessus, ne rapporte que succinctement. Les Medecins & Chirurgiens, & entr'autres Ambroise Paré, homme de tres-grande reputation en cette science & pratique, il commença, comme i'ay sceu d'un fidel tesmoin, soustenant le bras de l'Admiral, qui estoit au lict, par penser le doigt cassé, & le couper à trois reprises, à cause que ses cizeaux n'estoient pas bien aiguisez, dont le patient souffrit beaucoup de douleur, puis il fit une incision aux deux costez du bras que la bale avoit percé; ce que l'Admiral endura, non seulement d'un grand courage & visage constant; mais aussi voyant les larmes & le trouble de ceux qui estoient prés de luy, & mesmes de Merlin son Ministre; Mes amis, dit-il; dequoy pleurez vous? Pour moy ie m'estime heureux d'avoir receu ces playes pour le nom de Dieu. Et iettant les yeux sur son Ministre; le reconnois que si ie souffre des douleurs, c'est de sa volonté & de ses bien-faits, remerciant sa divine Majesté de ce qu'il luy a pleu me faire tant d'honneur. Prions le de me faire perseverer en cette ſainte reſolution. Et ſur la reſponſe que ſon Miniſtre, auquel il avoit dit pourquoy il ne le conſoloit pas plûtoſt que de pleurer, luy fit, qu il n'y avoit point de plus ſolide ny de plus certaine conſolation, que de penſer à tout moment à l'honneur que Dieu luy faiſoit, de l'avoir eſtimé digne de ſouffrir pour ſon nom, il repartit, que ſi Dieu le traittoit ſelon ſes merites & ſelon ſa juſtice, il devroit bien endurer d'autres plus grandes peines; mais beny ſoit le nom de Dieu, dit-il, qui uſe d'une telle douceur & clemence envers moy ſon tres-indigne ſerviteur. Le meſme Merlin cōtinua de l'exhorter à prendre courage en ſa pieté, & de remercier Dieu de ce qu'il luy avoit plû par ſa bonté le conſerver en la plus grande partie de ſon corps, ayant en ſes bleſſures plus de témoignage de ſa miſericorde que de ſon ire, principalement la teſte & l'eſprit luy eſtās demeurez ſains & entiers; & qu'il ne pouvoit mieux faire, que détournant son cœur & sa pensée des assassins, & de ses playes, de les addresser, comme il faisoit du tout à Dieu, puis que c'estoit de sa main qu'il les avoit reçeuës; à quoy l'Admiral respondit, qu'il pardonnoit sincerement & de bon cœur à celuy qui l'avoit blessé; & à ceux qui l'y avoient suscité; tenant pour certain qu'il n'estoit pas en leur pouvoir de luy faire aucun mal; ny mesme par la mort, laquelle luy seroit un asseuré passage à la vie. Paroles que puis aprés il repeta au Mareschal d'Anville, qui l'estoit venu visiter, en presence du mesme Merlin: qui luy remonstrant que les calamitez & afflictions, qui arrivent en cette vie aux gens de bien, leur servoient bien souvent d'aiguillon, à prier & venerer avec plus d'ardeur la Toute-puissance de Dieu; l'Admiral aussi tost eslevant sa voix, d'une vehemente affection, poussa ces paroles; Sei« gneur Dieu Pere Celeste, aye « pitié de moy par ta grande bonté «

„ & clemẽce, & ne te souvient point
„ de ma vie passée, & de mes forfaits.
„ Si tu regardes à nos pechez, nostre
„ legereté & infidelité à violer tes
„ ordonnances, qui est ce, Seigneur,
„ qui pourra subsister devant toy, qui
„ pourra resister à la force de ton ire?
„ I'ay rejetté toutes les fables des
„ Dieux, & ie t'invoque seul, recon-
„ nois & adore pour Pere Eternel
„ de Iesus-Christ, Dieu eternel,
„ par lequel ie te supplie qu'il te
„ plaise m'inspirer ton esprit & le
„ don de patience. Ie ne me confie
„ qu'à ta seule misericorde; sur la-
„ quelle toute mon esperance se re-
„ pose, soit que tu veuille presente-
„ ment me retirer de ce monde, ou
„ d'y prolonger mes iours, ie suis tout
„ prest à l'autre; ne doutant point
„ que s'il me faut mourir, qu'il ne te
„ plaise de me recevoir en ton cele-
„ ste & bien heureux repos. Mais s'il
„ te plaist que ie demeure plus lon-
„ guement en vie, donne-moy, Pere
„ Celeste, que je l'employe iusques à

la fin, pour l'accroissement de la " gloire de ton nom, & en l'exercice " de la vraye Religion, & de ton saint " service. Ces paroles finies, Merlin ne laissa pas de luy demander s'il luy plaisoit pas que les assistans & ses serviteurs ioignissent leurs prieres aux siennes, auquel il respondit qu'il le desiroit, & qu'il fist la priere, pendant laquelle selon l'occurrence, ayant les yeux levez au Ciel, il monstroit un zele ardent. Et lors qu'elle fut achevée, Merlin luy representant l'exemple des anciens Martyrs, & que depuis Adam & Abraham, nul de ceux qui avoient bien servy Dieu & son Eglise, ne s'estoient trouvez sans afflictions; l'Admiral l'interrompant, luy dit, qu'il se tenoit grandement confirmé par ces paroles, & recevoit une singuliere consolation & appaisement de ses douleurs, au recit qui luy avoit esté fait de la pieté des Peres & Martyrs. Peu apres les Mareschaux de Cossé & d'Anville le viennent trouver, & l'asseurent que cet accident leur estoit plus sensible qu'aucun autre qu'ils eussent de long temps receu : mais qu'il estoit raisonnable, & de son accoustumée generosité, de se recueillir en soy mesme, faire paroistre sa vertu, qui en cette occasion luy avoit beaucoup plus donné que non pas osté: A quoy l'Admiral se tournant vers Cossé, respondit : A la verité vous ne perdez que l'heure qu'il vous en arrive autant, comme vous sçavez que ie vous ay n'agueres predit. Mais les propos de d'Anville (dont ny des precedens, ie ne sçay ny le motif ny la fin) furent qu'il ne le pouvoit ny consoler ny exhorter à grandeur de courage & constance, puis que c'estoit de luy, qu'il en devoit recevoir les enseignemens : mais qu'il advisast en quoy il le pourroit servir. La response de l'Admiral, fut, qu'il n'avoit soubçon d'autre que du Duc de Guise, & toutefois qu'il ne le vouloit pas asseurer, & que par grace de Dieu, il avoit de long-temps appris de ne craindre ny ses ennemis, ny la mort, qu'il sçavoit certainement ne luy pouvoir apporter rien de mal, mais plustost un eternel & bien-heureux repos, sçachant bien que Dieu, en qui seul il mettoit son esperance, n'estoit ny trompeur ny menteur: & qu'il n'avoit autre plus grand regret de ce qui luy estoit arrivé: sinon de perdre l'occasion de faire voir au Roy l'affection qu'il portoit à son service, (entendant le dessein de Flandres) & qu'il eust bien desiré d'entretenir un peu sa Majesté sur des choses qui luy estoient tres-importantes de sçavoir, n'estimant qu'aucun luy en osast faire le rapport. Cependant le Roy de Navarre, & le Prince de Condé, faisans leurs plaintes au Roy d'un si outrageux attentat, il respondit, qu'il en feroit une si rigoureuse vengeance, qu'à l'advenir elle serviroit d'exemple aux autres. On prend & met en prison la femme & le lacquais, qui furent trouvez en la maison d'où le coup avoit esté tiré, Le Roy ayant sceu le desir de l'Admiral, le vint voir sur les deux heures apres midy, accompagné de la Reyne Mere, Messieurs ses freres, le Duc de Montpensier, Cardinal de Bourbon, les Mareschaux d'Anville, de Tavannes, de Cossé, Comte de Rets, Toré & Meru, & ensuite le Duc de Nemours. Le Roy à l'abord commanda qu'on fit sortir de la chambre tous les gens de l'Admiral, hors Teligny & sa femme. Et celuy qui ayant remarqué soigneusement tout ce qui s'y fit & dit, en a fait le recit, aprés estre eschapé du massacre. Soudain que le Roy fut approché du lit, l'Admiral luy dit qu'il remercioit treshumblement sa Maiesté de tant d'honneur qu'elle luy daignoit faire, de tant de peine qu'il prenoit à son sujet, auquel le Roy apres luy avoir tesmoigné par toutes sortes de belles paroles, qu'il se réjouyssoit avec luy de sa generosité, luy commanda d'avoir bonne esperance & bon courage. Alors l'Admiral luy dit que les trois choses dont il desiroit entretenir sa Majesté estoient; la premiere de sa fidelité & obeissance, & qu'il prioit Dieu, devant le Tribunal duquel il estoit, peut-estre, de comparoistre, qu'il luy fust aussi favorable, clement & propice, qu'il avoit toujours esté tres-affectionné au service de sa Maiesté, envers laquelle il n'estoit pas ignorant, que ses mal-veillans l'avoient souvent calomnié comme perturbateur de l'Estat, mais que l'effect sans ses paroles l'avoient bien monstré, Dieu mercy; que la seule cause de ces calomnies avoit esté de ce qu'il s'estoit opposé à leur audace & fureur, & défendu contre leurs turbulans & violens efforts, l'authorité des Edits de sa Maiesté, sans pouvoir endurer qu'ils violassent la foy qu'elle avoit tant de fois iurée à ses suiets, & que Dieu luy en estoit tesmoin; qui selon sa iustice en seroit Iuge entre ses ennemis & luy. Et d'autant qu'il avoit plû aux Roys ses pere & ayeul, de l'honneur de tant de grandes dignitez & commandemens dans le Royaume, & à sa Maiesté de l'y confirmer, il ne pouvoit pour son devoir, sinon la supplier tres-humblement qu'il luy plût de remedier à tant de troubles qui l'agitent il y a si long temps. Pour le second, qui est ce dessein de Flandres, que nul des Predecesseurs de sa Maiesté n'avoit eu une si belle occasion d'y faire de grands progrés. Qu'elle sçavoit que plusieurs Villes du Païs-bas desiroient sa faveur & protection, ce qu'il voyoit estre en risée manifeste & publique entre les Courtisans, & nous estre rauy par la faute de quelques-uns. Que depuis peu la plusspart des Troupes que Ienlis menoit, avoient esté defaites par le Duc d'Albe, dans lesquelles il y avoit bon nombre de Catholiques, & qu'elle affection pouvoient avoir à leurs compatriots, & faisans profession de mesme Religion, ceux qui se mocquoient d'une telle perte:

qu'on ne pouvoit pas tourner un œuf dans son Conseil, ny dire une parole qu'elle ne fut aussi-tost rapportée au Duc d'Albe? & ce qu'on pouvoit esperer, plus que ceux qui l'assistoient, & Messieurs ses freres dans son Conseil, découvroient aux estrágers & ennemis les plus secrettes deliberetions; desirant avec passion, & suppliant sa Maiesté, d'y vouloir prendre garde à l'advenir. Et aussi pour le dernier point, à faire observer l'Edit de pacification, qu'elle avoit fait & tant de fois iuré, & dont non seulement les nations estrangeres: mais aussi les voisins & amis estoient tesmoins, & qu'elle opinion ils prendroient de luy, & de sa parole, la voyans tres-indignement, presque tournée en risée & mespris. Que les iours precedens quelques seditieux avoient auprés de Troye de guet-à-pan assassiné une nourrice & un enfant, qui venoit d'estre baptisé, avec ceux qui l'accompagnoient revenans en leurs maisons, d'un village ordonné par sa Maiesté pour l'exercice de la Religion. Qu'il la supplioit de considerer la cruauté du fait, & s'il l'estoit honorable & glorieux à son nom de laisser par tout son Royaume de telles meschancetez impunies. A ce discours le Roy respond, qu'il n'avoit iamais douté de sa fidelité, & le tenoit pour fort homme de bien, genereux & grand Capitaine : qu'il n'y avoit personne en son Royaume qu'il voulust preferer; & que s'il eust eu autre opinion de luy, il n'eust pas fait ce qui s'estoit passé. Quant à l'entreprise de Flandres, l'on obserua soigneusement que le Roy n'en dit pas une seule parole; Mais pour le troisiéme chef, qu'il ne desiroit rien plus, que de faire religieusement & rigoureusement observer ses Edits de pacification, ayant à cét effet envoyé des Commissaires par toutes les Provinces, dont il prit aussi-tost la Reyne Mere à tesmoin, qui se tournant vers l'Admiral, l'asseura qu'il n'y avoit rien plus vray,

Ouy, ce respondit l'Admiral, du nombre de ceux qui ont mis ma teste à prix de cinquante mil escus; mais le Roy luy dit qu'il y avoit danger que ce debat ne prejudiciast à sa santé, & valoit mieux qu'il se reposast; & qu'on luy avoit bien fait une playe, mais à sa Maiesté une notable injure, iurant un mort Dieu, qu'il en feroit une si rigoureuse vengeance, que la memoire en demeureroit à la posterité, adjoustant qu'il avoit fait emprisonner la femme & le lacquais qui estoient dans la maison, & qu'il veut qu'on en fasse justice, tant par gesne que par condamnation. A quoy l'Admiral respondit, qu'il s'en remettroit à la prudence & à la foy de sa Maiesté; mais puis qu'il luy faisoit l'honneur de luy en demander son advis, qu'il eust bien desiré que Avagnes & Masparot, & un troisiéme qu'il nomma, duquel celuy qui estoit present a oublié le nom, fussent des Iuges; & qu'il ne falloit pas faire grande information du fait. Aprés quoy, le Roy & la Reyne Mere s'approchans du cheuet du lict de l'Admiral, parlerent quelque peu de temps tout bas entr'eux. Dont celuy qui estoit aupres du lict ne pût entendre aucune chose, sinon ces dernieres paroles de la Reyne Mere : Encore que ie ne sois qu'vne femme, si est-ce que ie suis d'aduis d'y pouruoir de bonne heure. Au partir, le Roy aduertit l'Admiral, de se faire porter au Louure, comme aussi fit à diuerses fois le Comte de Rets, parlant à Teligny gendre de l'Admiral, & vn autre qui estoit prés du lict ; adjoustant qu'il craignoit quelque esmeute populaire, que le Roy ne peust aisement appaiser. A quoy fut reparty, que nul des Medecins n'auoit esté encore de cét aduis, mais au contraire, que par l'agitation du corps, la douleur des playes toutes fresches s'augmenteroit ; & que si les bonnes graces du Roy estoient asseurées à l'Admiral, le peuple de Paris n'estoit non plus à craindre que de simples femme ; veu que l'authorité du Nom du Roy estoit telle par toute la France, & principalement à Paris, qu'à cette seule parole, quelque furieux & enragée que fut la populace, elle pouuoit estre appaisée. Le Roy voulut aussi voir la balle de cuivre, dequoy l'Admiral auoit esté blessé ; & demanda, s'il auoit senty grande douleur, lors qu'on luy auoit coupé le doigt, & fait les incisions au bras : & celuy qui monstra la bale au Roy, ayant la manche du pourpoint pleine de sang, sa Majesté luy demanda si c'estoit de celuy de l'Admiral, & s'il en estoit beaucoup sorti par ses playes ; & dit, sçauoir, qu'il ne se pouuoit trouuer aujourd'huy au monde vn homme ny plus courageux, ny plus constant. Puis rendit la bale : que la Reyne Mere ayant en suite regardée, dit, se resioüir, qu'elle estoit hors du corps ; se souuenant, que lors que le Duc de Guise fut tué, les Medecins luy auoient souuent fait entendre, qu'il n'y auoit point de danger ;

encores que la bale fut empoisonnée, puis qu'elle estoit sortie ; A quoy quelqu'un répondit, qu'on ne s'estoit pas contenté de cela, mais qu'on y avoit pourveu de bonne heure, par les medicamens propres contre le poison. Le Roy party, Iean de Ferrieres, Vidasme de Chartres, estant entré dans la chambre de l'Admiral, apres luy avoir tenu plusieurs paroles de consolation, adiousta sur la fin que ses ennemis avoient ouuertement tesmoigné leur lascheté ; ne l'ayans osé attaquer que par une fenestre trelissée, & que ce luy estoit beaucoup de bõheur d'avoir fait parvenir sa loüange iusques à l'âge où il estoit, auquel l'Admiral respondit, qu'il estoit voirement heureux de ce que Dieu l'avoit rendu digne de sa misericorde ; puis que ceux-là sont vrayement heureux à qui Dieu pardonne les iniquitez & les forfaits. Peu aprés les principaux s'estans par l'advis du Roy de Navarre & du Prince de Condé, assemblez au dessous de la chambre

Chambre de l'Admiral, pour aduiser ce qu'ils auroient à faire sur ce sujet; & sur l'heure, le Vidasme monstra bien au long, qu'il falloit incontinent partir de Paris; & ne point douter que cét acte ne fut le premier de la Tragedie, qui seroit bien-tost suiuie d'autres. Plusieurs soustenoient au contraire, que c'estoit assez de supplier le Roy, qu'il commendast que justice & punition fust faite d'vn tel attentat. Opinion qui fut opiniastrément suiuie de Teligny, asseurant qu'il connoissoit jusqu'au fonds l'intention du Roy, & qu'il ne falloit point autrement douter de sa bonne volonté. Le lendemain quelques amis de l'Admiral apprirent certainement, qu'on remuoit fort par la Ville, & portoit des armes en diuers endroits: qu'il estoit besoin de se resoudre promptement, & de n'attendre rien de bon de ces allées & venuës. Ce qui fut cause de donner charge à l'vn de ceux qui rendent tesmoignage de ces choses, d'aller trouuer le Roy, & l'aduertir de l'esmotion du peuple, & le bruict des armes, ensemble de demander quelques vns de ses gardes, pour estre en garde deuant le logis de l'Admiral. Ce qu'estant entendu par le Roy, qui sembla en estre fort esmeu & estonné, il s'enquit, d'où il auoit cet aduis, & s'il estoit venu iusques à l'Admiral; & commenda au Comte de Rets, d'appeller la Reyne Mere. Qui ne fut pas plûtost entre le Roy, tout esmeu en apparence, commença de s'écrier; quel malheur est-ce, que cettuy-cy rapporte, que le peuple s'émeut, & prend les armes? Nullement, répond elle, Mais, vous sçauez, que vous auez commandé dés la pointe du iour, que chacun se tinst en son quartier, de peur qu'aucun tumulte par auenture n'arriuast. C'est la verité, dit le Roy; mais cependant i'ay deffendu de prendre les armes. Alors celuy qui qui auoit esté enuoyé, afin d'acheuer le reste de sa commission, poursuiuit à demander, qu'il pleust à sa Majesté d'enuoyer à l'Admiral quelqu'vn de ses gardes. Auquel le Duc d'Anjou, qui estoit venu auec la Reyne Mere, ayant dit, que ce seroit bien fait, & qu'il prist Cosseins auec cinquante arquebusiers; il repondit, qu'il suffiroit d'auoir seulement vne demye douzaine de gardes du corps de sa Majesté; d'autant que leur authorité vaudroit autant enuers le peuple, que plusieurs autres armez. Mais le Roy & le Duc d'Anjou luy ayans reparty assez rudement, comme il sembloit, qu'il prist Cosseins; & qu'il n'en pouuoit choisir vn plus propre: il ne laissa pas de demeurer muet, encores qu'il conneust Cosseins pour un des plus passionnez contre l'Admiral. Thoré, frere du Mareschal de Montmorency, le rencontrant assez prés de la chambre du Roy, & luy soufflant en l'oreille, qu'on ne luy pouuoit auoir donné vne garde plus contraire; il luy repondit, s'il n'auoit pas bien reconnu, comme le Roy, sur la bienveillance duquel ils s'estoient remis, l'auoit absolument commandé : toutesfois qu'il estoit tesmoin de la premiere responce qu'il en auoit faite à sa Majesté. Quelques heures aprés Cosseins vint auec cinquante arquebusiers : & choisit deux logis proche de celuy de l'Admiral, pour mettre les siens : & fut suiuy de Rambouïllet, grand Mareschal des logis du Roy ; qui, selon l'aduis du Duc d'Anjou au precedent Conseil, fit commandement à tous les gentils-hommes Catholiques, logez en cette ruë-là, d'en sortir, & faire place aux amis & domestiques de l'Admiral. La plus subtile ruse, & la plus propre, qui se fut pû trouuer, pour executer ce qui suiuit, & dont vn incident, qui arriua sur le soir, ne donna pas peu de soupçon. Vn garçon, qui par le commandement de Teligny portoit deux espieux au logis de l'Admiral, ayant esté repoussé par Cosseins, & empesché d'entrer, le Roy de Nauarre, qui estoit auec l'Admiral, en fut aduerty, & descendit, demandant à Cosseins de quelle asseurance il faisoit cela. Il luy respondit tout ouuertement, que c'estoit par le commandement du Roy, & toutesfois qu'il entrast, puis qu'il l'auoit agreable. Le mesme iour le Roy coup sur coup fit aduertir les amis de l'Admiral de s'aprocher au plus grand nombre qu'ils pourroient de son logis, & remplir tout le voisinage. Mais le Conseil vn peu apres se tenant sous la Chambre de l'Admiral, Maligny renouvella sa premiere opinion, & fit grande instance à ce que l'Admiral fust emporté hors de Paris, & que ses amis & ses gens en sortissent aussi, & qu'il reconnoissoit à tout moment force choses qui augmentoient son soupçon. Plusieurs au contraire maintenoient, qu'il ne falloit que demander iustice au Roy, & que tous les Guisars, pour auoir trop de credit enuers le peuple, eussent à sortir de la Ville. Ce qui à l'exclusion de l'autre auis, fut approuué du Roy de Nauarre, Prince de Condé, & de la pluspart, d'autant plus, que Teligny soûtenoit, que c'estoit faire injure au Roy, de reuocquer en doute sa parole & sincerité, & qu'il suffisoit de requerir de luy auec douceur & humilité la iustice: que le fait estoit tout recent: & que si on pressoit trop, il estoit à craindre, que l'esprit du Roy ne s'offençast. Il fut aussi obserué en ce Conseil, qu'vn Picard, nommé Bouchavannes, ne dit pas vn seul mot, remarquant seulement l'avis d'vn chacun. Ce qui augmenta de plus en plus le soubçon, qu'on auoit de luy; plusieurs s'estonnans, que, faisant profession de la Religion, il estoit fauorisé de la Reyne Mere, & auoit tant de frequentation auec les siens, & entre autres auec le Comte de Rhetz. Vn autre sujet de soubçon arriua sur les trois heures du soir, par l'opiniastreté de Cosseins, à ne vouloir laisser entrer celuy qui portoit les Cuirasses de Teligny & de Guerchy. Qui, estant homme de cœur, & fier, mena sur ce refus si mal Cosseins de paroles, que peu s'en fallut qu'ils ne vinssent aux mains : sans que ce debat fut appaisé par Teligny, ieune Seigneur, de douce & paisible humeur, comme chacun sçait, & qui, allechê des caresses & gracieuses paroles du Roy, ne mettoit iamais ny mesure, ny fin, à loüer & publier la candeur de sa Majesté. Et pourtant, comme Guerchy, & quelques autres luy demandoient, s'il luy plaisoit qu'ils passassent la nuict, & fissent gardent au logis de l'Admiral; il leur répondit, qu'il n'en estoit point besoin, les remerciant fort courtoisement. De sorte, que la nuict suiuante nuls autres n'y furent, que Cornaton, la Bonne, Yolet Capitaine de Cauallerie, le Ministre Merlin, Ambroise Paré chirurgien du Roy, & quatre ou cinq au plus de ses valets de chambre, & seruiteurs. Teligny s'estoit sur la minuict retiré auec sa femme en son logis, ioignant celuy de l'Admiral. Il y auoit toutesfois cinq Suisses de garde en la cour, que le Roy de Nauarre y auoit enuoyé des siens. Or vn peu deuant le iour, ayant esté dit à la Bonne qu'il y auoit quelqu'vn à la porte, qui demandoit à parler à l'Admiral de la part du Roy; il part soudain auec les clefs; & ne l'eust pas plustost ouuerte, que Cosseins ne le poignardast, entrant auec ses arquebusiers dans la maison, & tuant tous ceux qu'il rencontroit, ou fuyans, ou estonnez, & remplissant tout de bruit & de tumulte; & apres auoir enfoncé l'autre porte qui fermoit la montée, & tué vn Suisse d'vn coup de balle: toutesfois quelques coffres qui furent iettez sur les degrez, luy empeschoient le passage. L'Admiral, & ceux qui estoient auec luy, resueillez au bruit des arquebusades, & ne doutans plus de l'effort des ennemis, soudain iettez par terre, commencerent à prier Dieu, qu'il luy pleust s'appaiser, & les regarder en ses compassions. L'Admiral s'estant leué, & ayant pris sa robe de chambre, commande à son Ministre Merlin de faire la priere; & suiuant ses paroles auec de vehemens soupirs, & inuoquant Iesus-Christ, se resolut de se recommander à Dieu, & de remettre entre ses mains l'Esprit qu'il auoit receu de luy en vsufruit. Et comme le tesmoin oculaire de ces choses fut entré en sa Chambre, & que le Chyrurgien luy eut demandé que signifioit cette rumeur, se tournant vers l'Admiral: il luy dit, c'est Dieu qui nous appelle à luy; la maison est forcée, & n'y a point de moyen de resister. Il y a long-temps, respondit l'Admiral, que ie me suis preparé à la mort, pensez-vous autres à vous sauuer s'il est possible: car en vain vous efforceriez-vous de pouruoir à ma vie. Ie recommande mon ame à la misericorde de Dieu. Et fut remarqué de ceux qui rendent ce tesmoignage, que son visage ne parut non plus troublé, que si rien ne fut arriué de nouueau. Ainsi chaçun, horsmis vn, nommé Nicolas de la Mouche, son interprete de la langue Allemande, & seruiteur domesticque tres fidele, ayans monté au haut de logis, & trouué vne fenestre aux tuiles, il y en eut quelques-vns, qui à la faueur de la nuict se sauuerent. Cependant Cosseins, aprés auoir fait détourner les coffres & autres embarras, fit premierement entrer quelques Suisses, vestus de verd, blanc, & noir, couleurs du Duc d'Anjou; qui n'offencerent pas vn des quatre autres de leurs compatriotes, qu'ils rencontrerent sur les degrez. Mais Cosseins, ayant la cuirasse, la rondache & l'espé nuë en la main, aussi-tost qu'il les eut apperceus, fit tirer le plus proche de ses arquebusiers sur eux; dont l'vn tomba mort du coup. Puis vn Allemand, nommé Besme, natif du Duché de Vvirtemberg, & fils, comme l'on dit, d'vn qui auoit eu la charge de l'artillerie, fut le premier qui entra dans la chambre. Et, ayant demandé à l'Admiral, qu'il vit assis, s'il n'estoit pas l'Admiral, il luy répondit, ie le suis; Mais, toy ieune homme, respecte mes cheueux gris & ma vieillesse. Lors Besme, sans autre repartie de paroles, luy donna vn coup d'épée sur la teste, & fut le premier qui s'ensanglanta du sang de l'Admiral: que Cosseins, Attins, & autres que suivirent, acheuerent. Et, ayant fait ietter le corps par les fenestres dans la cour, (où le Duc de Guise le frapa du pied,) il demeura exposé à toute sorte d'ignominie, partie de ses membres coupez, traîné par les boués, & enfin trois iours apres pendu par les pieds à Montfaucon, où il demeura quelques iours, pour trophée & marque de la cruauté, & rage que le peuple de Paris exerça, non seulement sur luy estant en vie, mais aussi sur son corps mort. Ce que la posterité ne mettra pas en oubly: & que plusieurs de grand iugement presagent deuoir estre fatal au principal autheur de sa mort. *Il entend parler de*

Henry de Lorraine, Duc de Guise, capital ennemy de l'Admiral; qui fut tué à Blois le vingt-trois Decembre mil cinq cent quatre vingt deux. Mais peu de iours apres, quelques gens de cheual enleuerent de nuict le corps, & l'enterrerent secrettement. Or entre les papiers, qui furent pris au pillage de ses meubles, on trouua son testament, qu'il auoit fait sur la fin de la derniere guerre ciuile, s'y estant rencontré, & porté à la Reyne Mere: Qui le faisant lire en presence de quelques-vns de ses plus familiers, & s'y trouuant vn article, par lequel il conseilloit au Roy de ne point donner à Messieurs ses freres, ny trop de biens, ny trop de pouuoir; elle se tourna vers le Duc d'Alençon, luy disant; Voila vn bel amy, qui vous estoit si cher, & en si bonne estime. A quoy le Duc respondit, qu'il ne sçauoit pas combien il auoit esté son amy, mais que par ce conseil il monstroit clairement combien il aimoit le Roy. Pareille responce fut celle de l'Ambassadeur d'Angleterre, lors qu'elle luy dit que l'Admiral auoit donné aduis au Roy, de tenir la pluspart de l'Angleterre pour suspecte : Il est vray, dit-il, qu'il estoit mauuais Anglois, mais fort bon François. Or la nouuelle du massacre de Paris estant venuë en Angleterre, Escosse, & Allemagne, il ne se peut dire la haine qu'elle engendra contre le Roy, & la Reyne Mere, dans le cœur de ceux, qui faisoient profession de la mesme Religion que l'Admiral ; veu mesme, que prés de dix mil personnes de cette qualité, toutes espouuantées, & esperduës, s'en estoient fuyes en ce pays-là, qui publioient l'Admiral pour excellent personnage, grand & sage Capitaine, & l'honneur de sa patrie, & pour vrais parricides les Autheurs d'vne si horrible meschanceté. Ce qui se redoubloit par les plaintes de plusieurs escolliers Allemands : qui estans en France prirent la pluspart vne telle frayeur, que laissans tout ce qu'ils avoient, ils s'en estoient retournez chez eux, detestans aupres de leurs parens & amis, non seulement une telle cruauté, mais aussi toute la France, & les autres qui avoient servy sous l'Admiral; loüoient sa vertu à tous les Princes Allemands; d'autant plus qu'il n'excelloit pas moins en conseil qu'en valeur: ce qui se rencontre difficilement au mestier de la guerre: veu que souvent la crainte naist de la prudence & la temerité de trop de courage. Il n'y avoit pas faute aussi de personnes, qui ayans plus particulierement connu l'Admiral, & s'en allans vers ces Princes, n'élevassent iusques au plus haut degré son innocence, temperance, modestie, & son admirable zele à la Religion, comme il se pouvoit principalement reconnoistre par sa forme ordinaire de vivre, & de ceux de sa maison, dont nous adjousterons sommairement ce que nous avons veu & oüy dire. Aussi tost qu'il estoit sorty du lit, assez matin, ayant pris sa robe de chambre, &

s'estant mis à genoux, comme aussi tous les autres assistans, il faisoit luy-mesme la priere en la forme accoustumée aux Eglises de France, apres laquelle attendant l'heure du Presche, qui se faisoit de deux iours l'un, avec le chant des Pseaumes, il donnoit audiance aux deputez des Eglises, qui luy estoient envoyez, ou employoit le temps aux affaires publiques ; dont il continuoit encores un peu à traiter apres le Presche, iusà l'heure du disner, lequel estant prest, ses serviteurs domestiques, horsmis ceux qui estoient empeschez aux choses necessaires pour le repas, se trouvoient en la sale où la table estoit dressée, aupres de laquelle estant debout, & sa femme à son costé, s'il n'y avoit point eu de Presche, l'on chantoit un Pseaume, & puis on disoit la benediction ordinaire ; ce qu'une infinité, non seulement de François, mais aussi de Capitaines & Colonels Allemands, qui ont esté souvent priés de manger avec luy peuvent tesmoigner qu'il a fait observer sans intermission d'un seul jour, non seulement en sa maison, & en son repos, mais aussi dans l'armée. La nappe estant ostée, se levant & tenant debout avec sa femme & les assistans, ou il rendoit graces luy mesme, ou les faisoit rendre par son Ministre. Le mesme se pratiquoit au souper, & voyant que tous ceux de sa maison se trouvoient mal-aisement à la priere du soir, au temps qu'il falloit reposer, & qui à cause des diverses occupations estoit incertain, il ordonna que chacun vint à l'issuë du souper, & qu'apres le chant du Pseaume la priere se fist. Et ne se peut dire le nombre de ceux d'entre la noblesse Françoise, qui ont commencé d'establir en leurs familles cette religieuse regle, à l'exemple de l'Admiral, qui les exhortoit souvent à la veritable pratique de la pieté, n'estant pas assez que le pere de famille vecut saintement & religieusement, si par son exemple il ne reduisoit les siens à la mesme regle. Or il est certain que sa pieté & sainteté, ont esté tellement admirées, mesmes de ceux du party Catholique, que sans la crainte & l'horreur des tourmens & massacres, la plus grande partie de la France se fut convertie à la mesme Religion & discipline. Lors que le temps de la Cene du Seigneur s'approchoit, il appelloit tous ceux de sa maison, leur representant qu'il ne luy falloit pas seulement rendre compte à Dieu de sa vie, mais aussi de leur deportemens: & les reconcilioit ensemble, s'il y avoit quelque dissension entre eux. Et si quelqu'un ne luy sembloit pas assez preparé pour bien entendre & venerer ce mystere, il prenoit le soin de le faire mieux instruite: & s'il en voyoit d'obstinez, il leur declaroit ouvertement qu'il luy valoit mieux demeurer seul, que de nourrir une suitte de meschans. Davantage, il estimoit que l'instintution des Colleges, & de l'instruction des enfans, estoit un sin-

fois il n'a pas accrû sa succession d'un arpent de terre, ny d'une simple métairie : & encores qu'il fust bon ménager, l'abord toutesfois de tant de grands & de personnes de toute sorte de condition, qui de tous endroits de la France se faisoit chez luy sur les affaires publiques, l'obligeoit de prendre liberalement pour ces hostes ce que son bon mesnage luy avoit pû espargner ; de sorte qu'il ne laissa pas moins de quarante mil livres de debtes à ses heritiers, outre six mil livres d'interests qu'il payoit par an à ses creanciers. Il ne faut pas aussi passer sous silence l'incroyable union d'esprit & de charité & bien-veillance qui estoit entre les trois freres de Chastillon, telle qu'ils ne sembloient qu'une mesme ame. L'Admiral a vescu cinquante cinq ans, six mois & huit jours. Sa taille estoit moyenne, sa couleur vermeille, ses membres bien proportionnez, son visage calme & serain, sa voix agreable & douce ; mais sa voix un peu

gulier bien-fait de Dieu ; & l'appelloit un seminaire de l'Eglise, & un apprentissage de pieté, que l'ignorance des lettres avoit apporté, non seulement à la Republique, mais aussi à l'Eglise d'epaisses, dans lesquelles la tyrannie du Pape avoit pris sa naissanc & son accroissement, & qui commandoit aux aveugles & devoye, tout ainsi que faisoit à la nuict & aux tenebres, selon le dire des Poëtes, le Dieu des Richesses & des Enfers, qu'ils appelloient du nom de Dis, ce qui l'obligea de faire bastir à grands frais un College à Chastillon, en un bel air & sain, où il entretenoit de tres doctes Professeurs en la langue Hebraïque, Grecque & Latine, & plusieurs Escoliers; Mais c'est un souverain tesmoignagnage de son integrité & retenuë en la convoitise des biens, que dans les hautes dignitez qu'il a possedées, ayant peu, comme c'est l'ordinaire des Courtisans, s'accommoder & acquerir beaucoup de richesses, toutes-

tardive & lente, ſa complexion bonne, ſon geſte & ſon marcher avec bien-ſeance, & une gracieuſe gravité. Il beuvoit peu de vin, & mangeoit peu, & ne dormoit au plus que ſept heures; Et depuis la derniere paix ne laiſſa paſſer un ſeul jour que devant que ſe coucher, il n'euſt eſcrit de ſa main dans ſon papier journal, les choſes dignes de memoire, qui eſtoient arrivées durant les troubles. Ce qui ayant eſté trouvé apres ſa mort, & porté au Conſeil du Roy, ſes plus capitaux ennemis eurent en grãde admiration la douceur & tranquilité de ſon eſprit. Davantage, depuis la paix, s'eſtant retiré à la Rochelle, il ne ſe paſſa point de iour qu'il ne leuſt, ſoir & matin, un des ſermons de Calvin, ſur le Liure de Iob, diſant ordinairement que cette hiſtoire eſtoit ſa conſolation & ſon remede general en tous ſes maux. Ayant eu de ſa premiere femme cinq enfans, il en laiſſa quatre en vie, Louiſe ſon aiſnée, mariée à Teligny, qui fut tué la mesme nuict que son beaupere ; & depuis mariée en secondes nopces à Guillaume, Prince d'Orange, duquel mariage est issu Frederic Henry Prince d'Orange, & Gouverneur general des Païs-bas unis, François, Odet, & Charles, dont les deux plus grands eschaperent de ce detestable massacre ; le troisiéme, qui n'estoit âgé que de sept ans & huit mois, fort joly, & tout le plaisir du pere, fut pris, & commença dés son enfance à porter la Croix de Christ. Sa seconde femme demeurée grosse, accoucha d'une fille quatre mois apres ; & ne fut pas long-temps de retour chez elle en Savoye, que le Duc Philbert ne la fist arrester prisonniere.

EXTRAIT DU LIVRE *troisiéme de l'histoire d'Aubigné, chapitre deuxiéme.*

D'AUTRE costé s'estoient assemblez à Chastillon-sur-loin prés l'Admiral, le Cardinal, & d'Andelot, ses freres, Ienlis, Boucard, Bricquemault, & autres, pour le presser de monter à cheval. Ce viell Capitaine trouvoit le passage de ce Rubicon si dangereux, qu'ayant par neuf jours contesté contre cette compagnie, & par doctes & specieuses raisons rembarré leur violence ; & les avoit estonnez de ses craintes, & n'y avoit comme plus d'esperance de l'esmouvoir, quand il arriva ce que ie veux donner à la posterité, non comme une intermese de fables bien-seantes aux Poëtes seulement, mais comme une histoire que i'ay apprise de ceux qui estoient de la partie. Ce notable Seigneur, deux heures apres avoir donné le bon soir à sa femme, fut réveillé par les chauds souspirs & sanglots, qu'elle jettoit; il se tourne vers elle, & apres quelques propos, il luy donna occasion de parler ainsi.

C'est à grand regret, Monsieur, que ie trouble vostre repos par mes inquietudes : mais estans les membres de Christ, deschirez comme ils sont, & nous de ce corps; quelle partie peut demeurer insensible ? Vous, Monsieur n'avez pas moins de sentiment, mais plus de force à le cacher. Trouverez-vous mauvais de vostre fidele moitié, si avec plus de franchise que de respect elle coule ses pleurs & ses pensées dans vostre sein? Nous sommes icy couchez en delices, & les corps de nos freres, chair de nostre chair, & les os de nos os, sont les uns dans les cachots, les autres par les champs, à la mercy des chiens & des corbeaux. Ce lict m'est un tombeau, puis qu'ils n'ont point de tombeaux; ces linceux me reprochent qu'ils ne sont pas ensevelis. Pourrons nous ronfler en dormant, & qu'on n'oye pas nos freres aux souspirs de la mort? Ie me rememorois icy les prudens discours desquels vous fermez la bouche à Messieurs vos freres; leur voulez-vous aussi arracher le cœur, & les faire demeurer sans courage comme sans response? Ie tremble de peur que cette prudence soit des enfans du siecle, & qu'estre tant sage pour les hommes, ne soit pas estre sage à Dieu, qui vous a donné la science de Capitaine. Pouvez-vous en conscience en refuser l'usage à ses Enfans? Vous m'avez advoüé qu'elle vous reveilloit quelquefois; elle est le truchement de Dieu. Craignez vous que Dieu vous fasse coupable en le suivant? L'espée de Chevalier que vous portez est-elle pour opprimer les affligez, ou pour arracher des ongles des Tyrans? Vous

avez

avez confessé la justice des armes contre eux: pourroit bien vostre cœur quitter l'amour du droict pour la crainte du succés? C'est Dieu, qui osta le sens à ceux qui luy resisterent, sous couleur d'espargner le sang. Il sçait sauver l'ame qui se veut perdre, & perdre l'ame qui se veut garder. Monsieur, i'ay sur le cœur tant de sang versé des nostres: ce sang & vostre femme crient au Ciel vers Dieu, & en ce lit contre vous, que vous serez meurtrier de ceux que vous n'empeschez point d'estre meurtris.

L'Admiral respond; Puis que ie n'ay rien profité par mes raisonnemens de ce soir, sur la vanité des esmeutes populaires, la douteuse entrée dans un party non formé, les difficiles commencemens, non contre la Monarchie, mais contre les possesseurs d'un Estat qui a les racines envieillies, tant de gens interessez à la manutention; nulles attaques par dehors, mais generale paix, nouvelles & en sa premiere fleur, & qui pis est, faite entre les voisins conjurez, & faite exprés à nostre ruine ; Puis que les defections nouvelles du Roy de Navarre & du Connestable, tant de forces du costé des Ennemis, tāt de foiblesses du nostre, ne vous peuvent arrester ; Mettez la main sur vostre sein, & sondez à bon escient vostre conscience, si elle pourra digerer les déroutes generales, les opprobres de vos Ennemis, & ceux de vos Partisans ; les reproches que font ordinairement les peuples quand ils jugent les causes par les mauvais succez, les trahisons des vostres, la fuite, l'exil en pays estrange, là les choquemens des Anglois, les querelles des Allemands, vostre honte, vostre nudité, vostre faim, & qui est plus dur, celle de vos enfans. Tastez encores si vous pouvez supporter vostre mort par un bourreau, aprés avoir veu vostre mary traisné & exposé à l'ignominie du vulgaire, & pour fin, vos enfans, infames valets de vos ennemis, accreus par la guerre, & triomphans de vos labeurs. Ie vous donne trois semaines pour vous esprouver: & quant vous serez à bon escient fortifiée contre tels accidens, ie m'en iray perir avec vous, & avec vos amis. L'Admiral repliqua: ces trois semaines sont acheuées; vous ne serez iamais vaincu par la vertu de vos ennemis; usez de la vostre, & ne mettez point sur vostre teste les morts de trois semaines. Ie vous somme au nom de Dieu, de ne nous frauder plus, où ie seray tesmoin contre vous en son iugement.

SECONDE PARTIE DES MEMOIRES DE MESSIRE GASPAR DE COLLIGNY, SEIGNEVR DE CHASTILLON, Admiral de France.

APRES que les Ennemis eurent passé le trou Feron, & que la Chapelle & Guise furent pourveuës de ce qu'il falloit, ie dis à Monsieur le Connestable, qu'il sçavoit comme toute la frontiere de Picardie estoit demeurée despourveuë, & que s'il luy sembloit bon, ie m'acheminerois avec une bonne troupe de gendarmerie : & que cela ne pourroit que grandement favoriser ladite frontiere, luy ramentevant aussi les advertissemens que ie luy avois dit, que journellement me faisoient Messieurs de Villebon & Senarpont ; qui portoient que les ennemis devoient faire leur effort du costé de Picardie ; Et ce qui me fortifioit encore le plus en cette opinion, c'estoit que les bandes Espagnoles, qui estoient dans le nouveau fort de Hesdin, n'estoient point delogées ! & que ie m'asseurois qu'ils ne s'attacheroient point à une place sans celle-là : car c'estoient les plus vieilles & meilleures bandes qu'ils eussent, & sur lesquelles ils faisoient plus de fondement. Il trouva bon que ie m'y acheminasse. Et pourtant le deuxiesme d'Aoust l'an 1557. ie partis de Pierrepont à la pointe du iour. Et, deuant que de partir, ie parlay audit sieur Connestable. Qui me dit, que ie me hastasse de m'aller mettre à Sainct Quentin. Ie partis à l'heure mesme auec ma compagnie, celles de Messieurs le Comte de Haron, de Gernac, de la Fayette, & les bandes de cheuaux legers des Capitaines Miraumont & Tenelles François, & Achisson Escossois; & m'acheminay droit à la Fere; pource que ie ne pouuois prendre autre chemin; à raison, que les ennemis, auec toutes leurs forcees, estoient entre Sainct Quentin & Mony; comme il se descouuroit aisement par les feux qu'ils mettoyet dedans des forts & villages. Mais, pour estre mieux asseuré du chemin qu'ils tenoient, ie mis les cheuaux legers, tant François qu'Escossois, de leur costé, & leur fis entendre le chemin que ie tenois, pour me mander souuent de leurs nouuelles. Et, pource que le Capitaine Tenelles estoit du païs, & qu'il le connoissoit bien, ie lé fis donner plus auant que tous les autres. Estant arriué à la Fere, il vint bien-tost apres le Sieur de Concy: qui me dit, que Monsieur le Connestable me mandoit, que ie m'hastasse de m'aller mettre dans Saint Quentin. Or n'auois-ie encor nulles nouuelles de mes coureurs, & ne pouuois penser où pourroient estre lesdits ennemis; qui fut cause que i'enuoyay d'autres gens à cheual pour les reconnoistre: & ie pris resolution auec ceux qui cónoissoient bien le païs, de m'en aller droit à Han; pour ce que de là il m'estoit plus facile d'entrer audit Saint Quentin, à raison qu'il eust esté malaisé, qu'encores que lesdits ennemis se fussent voulu là arrester, qu'ils l'eussent si estroittement enueloppé, que par l'autre costé de l'eau ie n'y fusse entré. Et d'auantage ie leur gaignois le deuant, pour couurir Peronne, & tout le reste de la frontiere. Il y auoit bien quelque apparence, qu'ils ne se vouloient pas arrester là; car ils brûloient & villages & fourrages; ce qui n'est pas accoustumé à gens qui veulent conquerir & garder vn païs. Il y auoit cinq bandes de gens de pied dedans la Fere, des Capitaines Caumõt, qui en auoit deux; Saint André, Rambouïllet, & Poy; ausquelles commanday de partir incontinent, pour s'en aller droit à Han; encores que Saint André & Rambouïllet fussent ordonnez pour aller au Castelet, & que pour cét effet fussent partis dudit Pierrepont le soir precedant que moy, à l'assiette de la garde. Mais ils n'y pouuoient plus aller, pour leur estre empesché le chemin par lesdits ennemis. Le Sieur de Concy fut present à toutes les deliberations que ie fis. Parquoy ie le priay, de s'en retourner deuers Monsieur le Connestable, pour luy faire le tout entendre: mesmes que ie ne laissois dedans la Fere que le sieur de Vvallon auec sa bande. Considerant, que nostre camp venoit coucher à trois lieuës de là, & qu'il seroit aisé d'y remedier, & y mettre d'autres enseignes, m'estant acheminé pour Han: enuiron à demie lieuë de la Fere i'eu nouuelles de mes coureurs, que les ennemis se logeoyent deuant Sainct Quentin, & auoient desia veu quelques tentes dressées pres la maladerie du fauxbourg d'Isle: mais qu'il sembloit qu'vne partie de leur armée couloit le long de l'eau, tirant audit Han. Parquoy les gens de pied, & le bagage, qui prenoient ce chemin, ie les fis prendre à la main gauche par Genly, pour aller plus seurement; & moy allay droit le chemin; mettant gens deuant moy, pour estre aduerty; car le païs estoit assez aduantageux pour prendre tel party que i'eusse voulu, au nombre d'ennemis que i'eusse trouué. Enfin i'arriuay à Han; & à l'entrée ie rencontray Vaulpergues, auec vne lettre de creance du Capitaine Breul, Gouuerneur de Sainct Quentin: qui me fit entendre le grand estonnement qui estoit dans cette ville là: & qu'il estoit de besoin, de la secourir bien promptement, ou elle estoit en grand danger, Apres m'estre informé du chemin ; & qu'il m'eust dit, qu'il se faisoit fort, de me mettre dedans cette nuict là ; mais qu'apres ce ne seroit pas sans grande difficulté ; ie me resolus d'y entrer cette mesme nuict : &, sans que personne se desarmast, ie les fis tous aduertir, qu'ils fissent tous manger vne mesure d'auoyne à leurs cheuaux, & que ie voulois partir dedans demie heure : les voulãt bien informer d'vne chose, qui estoit, que ie priois les Chefs & Capitaines, de se passer au moins de valets qu'ils pourroient ; & quant aux gendarmes, qu'ils n'y menassent point plus d'vn valet chacun ; & entre deux archers vn ; & que ie m'en allois à Sainct Quentin, pour y attendre le siege, où ie ne leur ferois pas bailler viures pour d'auantage de personnes. Et, pource que i'eusse bien voulu y pouuoir conduire cette mesme nuit là les cinq enseignes de gens de pied que i'auois fait partir de la Fere, m'estant enquis où elles estoient, ie trouuay, qu'il n'estoit encor arriué que celle du Capitaine Poy, si lassée & si harrassée, pour venir fraichement de Gascogne, que quasi la moitié estoit demeurée par les chemins. D'autre part le Capitaine Caumót estoit demeuré derriere à la Fere, pour faire déliurer les armes de ses soldats, qui estoient encor encaissées sur des chariots. En sorte, que tout consideré, de toutes ces cinq bandes ie ne me pus seruir que des deux, du Capitaine Saint André & Rambouillet: & encor qu'elles fussét bien loing derriere, si est-ce, que ie dónay ordre, auant que de partir, pour les faire marcher incontinent qu'elles seroient arriuées. Ainsi; que ie donnois ordre à mon partement, les sieurs de Iarnac & Luzarches me vinrent dire ensemblement, qu'il ne leur sembloit pas bien raisónable que ie m'enfermasse dedans Saint Quentin, pource que ie pourrois faire plus de seruice estant dehors: mais si ie voulois, qu'eux, & tous les Capitaines qui estoient là auec moy, s'y en iroyent,

& qu'ils s'accorderoyent tous si bien ensemble, que le seruice du Roy n'en demeureroit point. Ie leur respondis en peu de paroles, que ie les remerciois du conseil qu'ils me donnoient; mais que i'estois commandé d'y entrer; & qu'à cette intention estois-je venu là: & que i'aimerois mieux auoir perdu tout ce que i'auois vaillant, que d'y auoir failly: pour le moins seroient-ils tesmoins, que ie ferois mon deuoir d'y entrer. Et, aprés auoir aduerty mondit Sieur le Connestable de toute ma resolution, par le Sieur de Bottran, qui s'en retournoit deuers luy dudit Han; ie montay à cheual enuiron vne demie heure du Soleil, mettant mon Mareschal des logis deuant moy auec cinquante bons cheuaux & de bons guides: auquel ie commanday de marcher cent pas deuant moy seulement: & quoy qu'il trouuast en son chemin qu'il le chargeast sans le marchander. Aussi aduertis-je tous les Capitaines & leurs troupes, de ma resolution, & de ce qu'ils auoient à faire. Ie n'eus pas gueres marché, que ie trouuay l'Abbé de Sainct Prins; lequel estoit sorty ce soir là, enuiron les quatre heures, de Sainct Quentin; qui me dit, qu'il s'en alloit trouuer le Roy, & qu'il esperoit estre le lendemain à son leuer. Apres que ie me fus enquis de luy du logis des ennemis, & sommairement des autres choses; ie le priay de presenter mes tres-humbles recommandations à la bonne grace du Roy, & luy dire qu'il m'auoit trouué auec vne bonne troupe, qui faisions tous nostre conte (Dieu aydant) d'entrer cette mesme nuict dedans S. Quentin, où i'esperois que nous luy ferions vn bon seruice. Aussi y arriuay-ie à vne heure apres minuict, où il entra auec moy de la quatre partie les trois de la gendarmerie pour le plus: les autres, ou pour s'estre perdus par les chemins à une allarme que nous y eusmes, ou par faute de bonne volonté, n'y entrerent point. Quant aux cheuaux-legers François & Escossois, qui estoiét partis du Camp avec moy, il n'y en avoit un seul arrivé quand ie partis de Han, aussi n'entrerent-ils point à Saint Quentin. Des deux bandes de gens de pied qui partirent de Han, comme ie l'avois ordonné, il entra cette mesme nuict environ six vingts, conduits par le Lieutenant du Capitaine Rambouillet : car avecques autant d'autres, le Capitaine S. André s'estoit perdu la nuict, lequel toutesfois y entra le iour à quatre heures apres midy. En somme, que pour le plus de ces deux bandes, il y entra deux cens cinquante hommes. Or estant arrivé là de nuict, comme le poinct du iour fut venu, ie m'en allay au faux-bourgs d'Isle, où ie trouvay que nos gens le iour precedent avoient abandonné le boulevart, qui y avoit esté fait nouvellement, & s'estoient retirez à la vieille muraille, s'excusans que pour n'y avoir point de parapet audit boulevart, d'autre part que pour avoir gagné les Espagnols des maisons sur le bord du fossé, qui leur estoient à cavalier : & enfin pour le peu d'hommes qu'ils avoient pour le deffendre, ils avoient esté contraints de ce faire. M'estant enquis des gens de guerre qui y estoient, ie trouvay que la Compagnie de Monseigneur le Dauphin y estoit quasi complete. Quant à la Compagnie du Capitaine Breul, qui en estoit Gouverneur, il me dit que la fleur de ses hommes estoient à Bohain, où il y avoit une escadre des meilleurs hommes qu'il eust, principalement d'arquebusiers. Cela estoit aisé à croire, car le demeurant estoit fort pietre. Il estoit excusable d'une chose : c'estoit qu'il n'y avoit pas plus de dix iours qu'il estoit entré en cette place : & sçay bien qu'il avoit perdu beaucoup de ses soldats au partir d'Abeville. Voyant de quelle importance nous estoit de garder ce faux-bourg, ie pris l'opinion de tous les Capitaines, pour sçavoir ce que nous y pourrions faire. Pour le plus expedient il fut conclud que sur le soir nous ferions faire une sortie, pour mettre le feu dedans les maisons qui nous faisoient le dommage ; & qu'ayant osté les ennemis de là, nous ferions faire une tranchée tout le long du boulevart, qui serviroit de paraper. Cependant pour ne perdre point de temps, ie fis travailler à deux flancs, pour regarder la pointe dudit boulevart; ce qui se trouvoit, en faisant ouverture à la muraille tant qu'il en falloit pour l'emboucheure d'une piece d'artillerie, & si fis travailler à une tranchée, d'où le rampart avoit esté osté, quand Monsieur le Mareschal de Saint André estoit d'advis de faire retrancher ce faux-bourg : car en cet endroit l'on pouvoit faire bresche en moins d'une heure, qu'il n'y eust eu homme qui eust osé s'y presenter ; pource que le dehors estoit beaucoup plus haut que le dedans, & estoit le rampart du tour osté. Ces choses ainsi ordonnées, ie m'en allay faire le tour de toute la haute ville, pour voir ce qui y seroit à faire, departir les quartiers

& faire que chacun commençast à y travailler, sans attendre la necessité. Et cependant ie manday à ceux de la ville qu'ils s'assemblassent en leur hostel commun, où ils appelleroient tous les plus notables de tous les Estats, pour entendre ce que i'avois à leur dire. Ayant donc reconnu le tour de ladite Ville, & que ie fus venu là, où déja ils estoient assemblez, ie leur dis tout ce que ie pouvois penser, qui pourroit servir pour les asseurer, comme pour lors ils en firent grande demonstration: ce que toutesfois ne leur dura gueres. Et outre cela ie fis mettre par memoire ce à quoy il me sembloit estre bon de pourvoir, & dont il falloit qu'ils fissent prompte & diligente recherche; comme de tous les hommes qu'ils avoient en leur ville, ayans armes, & qui les pourroient travailler, tant hommes que femmes: & que pour cet effet il falloit faire une recherche de tous les outils, hottes & paniers, pour faire le tout apporter à leur Maison de Ville, afin que plus facilement on les pût là trouver quand on en auroit affaire : & qu'en une si grande Ville il y avoit grand nombre d'ouvriers, pour en pouvoir faire une bonne quantité, pourtant qu'ils les advertissent d'y travailler continuellement: & pource que ie ne doutois pas qu'il n'y eust une fort grande quantité de bouches, qu'il falloit sçavoir dequoy nous les nourririons : qu'ils fissent donc une description de tous les grains, vins & bestail qu'ils avoient en leur ville, & que tout ce qu'il trouveroient par les maisons ; qu'ils le missent en garde de ceux mesmes à qui le bien appartiendroit : & afin qu'il ne s'en fist point de degast, ie ferois faire une deffence à toutes personnes de n'y toucher sur la vie, attendant que i'eusse mis un ordre pour la distribution : aussi de me faire dire quelle quantité d'artillerie, poudre & boulets il y avoit, & quelles gens pour la manier & pour en tirer. Et pour ce que faisant la ronde de leur ville : j'avois veu user grande amonition sans propos, j avois donné la super-intendance de toute l'artillerie au Capitaine Languetot, & sous luy deux Gentils-hommes de chacune Compagnie de Gens-d'armes, qui estoient dix en tout, afin qu'il les pût departir par leurs quartiers, & les soulager : & pourtant que ceux qui la manioient, eussent à luy obeir : & que ie voulois sçavoir tous les soirs quelle quantité de poudre se seroit tirée le iour : & ainsi qu'ils eussent à luy monstrer toutes les poudres qu'ils avoient, & les lieux où ils la retiroiét, pour me rapporter si elles ne seroient point en lieu dangereux. Davantage, ie n'avois point de connoissance qu'ils eussent plus de deux moulins en toute leur Ville, l'un à eau, l'autre à vent, & quel moyen ils avoient de moudre si ceux-là leurs failloient. Ce furent les principaux points de l'ordonnance que ie leur fis pour lors, leur disant que de ce qui me souviendroit, ie leur ferois à toutes heures entendre : & leur monstray des Gentils-hommes que i'avois à l'entour de moy, lesquelles ie leur envoyerois quand besoin seroit : & qu'ils satisfissent toûjours promptement à ce que ie leur manderois par eux. Et pource qu'ils avoient tous pris par memoire, ils me dire qu'ils s'en alloient pour y satisfaire promptement, & puis m'en advertiroient. Bien, me dirent-ils, sur l'heure mesme, qu'ils avoient quinze ou seize moulins à chevaux, qu'ils faisoient déja travailler en toute diligence. Ie leurs fis mettre plusieurs petites choses par escrit, aux memoires qu'ils firent, afin d'y donner ordre, dont il ne me souvient pas bien ; car auparavant i'en avois dressé un bien ample ; Ie mets ce qui est le principal & le plus necessaire. Estant allé de là à mon logis, ie fis assembler tous les Capitaines ; Ausquels ie fis entendre l'occasion qui m'avoit là amené, l'ordre que i'avois donné à ceux de la ville, & ce qui me sembloit estre le plus necessaire pour lors. C'estoit de departir les quartiers, & que nous allassions tous ensemble, pour faire tout ce qui seroit bon de faire, afin que puis aprés chacun fist travailler en son endroit. D'une chose les supplois-je tous; c'estoit que chacun connoistroit ou penseroit estre bon de faire, qu'il m'en advertist, & que je le recevrois tousiours de bien bonne part: mesmes pource qu'il y avoit des gens de bien & experimentez dedans les compagnies, & qui s'estoient trouvez en d'autres sieges: que l'on leur dit qu'ils me feroient plaisir de m'advertir de ce qu'ils penseroient pouvoir servir. De là nous nous en allasmes departir les quartiers, & commencer à l'heure mesme à faire travailler aux lieux qu'il fut advisé. Ainsi ordonnay-je à tous Capitaines, tant de cheval que de pied, qu'ils m'eussent à bailler le nombre de leurs hommes par roolle, tant pour voir ce que j'avois pour le combat, que pour selon cela faire faire la distribution des vivres. Et pource qu'en me promenant il y avoit grande quantité de jardins, iusques sur le bord des fossez, pleins d'arbres ; principalement du costé de la porte Saint Iean, à l'ombre desquels les ennemis pouvoient venir tout à couvert iusques au bord dudit fossé. Encores qu'il fust tard, i'envoyay querir tous les Charpêtiers qui se pûrent trouver, que ie fis conduire par deux Archers de ma Compagnie, afin d'employer le reste de la iournée à couper arbres pour faire faslines ; & qu'ils continuassent tous les iours. Ce qui fut fait tant que l'on peut : mais non pas tant que ce qui y demeura du costé de la porte de Remycourt, ne nous apporta à la fin grand dommage. Or pource qu'il avoit esté conclu de faire cette sortie, comme il a esté dit cy-dessus, pour brûler les maisons qui nous nuisoient, & pour essayer de regagner nostre boulevart d'Ille ; ie priay Messieurs de Iarnac, Teligny, & de Luzarches de la faire faire ainsi, & iusqu'au lieu que ie leur monstray. Cependant que ie m'en allois au clocher de la grande Eglise, pour reconnoistre l'assiette du guet des Ennemis, & voir par où l'on nous pourroit faire venir du secours, afin que ie le mandasse, & mesmes fisse voir à Vaulpergues, que i'envoyois exprés pour cela; pource qu'il me sembloit que cela estoit le plus necessaire, & que plus on attendroit, plus seroit-il difficile; Ie fus plus d'une grand heure & demie pour luy monstrer le lieu par où il auroit à venir, si on luy bailloit des gens à conduire, lequel eust esté trop plus aisé, que celuy par lequel il les amena; Car au lieu qu'il donna à la teste d'un Corps de garde de gens de pied, & en lieu fort desavantageux, pour ceux qui vouloient entrer, il eut donné entre deux Corps-de-garde, l'un de pied & l'autre de gens de cheval, où ils n'eurent trouvé que des sentinelles, & avant que le Corps-de garde eust pensé à ce qu'ils avoient à faire, ceux qui eussent voulu entrer, pouvoient pouvoyent gagner une colline le long des vignes : par où le Capitaine Saint André estoit entré en plein iour, pouvoient eux aussi entrer en despit de tout le monde ; car estant nuict obscure comme elle estoit, il eust esté mal-aisé qu'un corps-de-garde se fust deplacé pour le venir chercher, pour le moins qu'ils n'eussent esté en lieu de seureté ; car c'estoit fort prés de la Ville. Cependant que i'estois sur ce clocher la sortie se fit, mais nos gens trouverent les ennemis si forts, qu'ils ne peurent executer tout ce qu'ils vouloient. Et encores qu'ils brulassent quelques maisons ; si ne furent pas celles qui nous nuisoient le plus ; & fallut que nos gens se retirassent, estans poursuivis de si prés des Ennemis, que quasi furent-ils en danger d'entrer avec eux pesle-mesle ; & ne peut-on si bien faire, que devant que partir de là ils ne brulassent le tape-cul, par où l'entrée dudit boulevart leur estoit aisée : car il ne restoit plus qu'une petite porte, que l'on eust aisément rompuë d'un coup de pied ; & du boulevart pour entrer au faux-bourg, il n'y avoit qu'une muraille, enuiron de sept ou huit pieds de haut, où il y avoit encores deux grandes bresches, par où l'on portoit la terre sur une plate-forme, qui n'estoient bouchées que de clayes & quelques balles de laine; Parquoy toute la nuit, & en la plus grande diligence que ie pûs, ie fis faire une tranchée pour amuser les Ennemis le plus long-temps que ie pourrois ; car ie voulois attendre le plus tard que ie pourrois à abandonner ce faux-bourg, encores que i'eusse beaucoup d'opinions contre moy. Et y avoit deux raisons principales, à quoy ie ne pouvois contester ; L'vne que par les marets on y pouvoit venir par deux endroits, & prendre nos gens par le derriere, & que ce seroit en danger, en les voulant retirer ou secourir de perdre la ville avecque le faux-bourg; L'autre que i'avois si peu d hommes, que ie devois plustost regarder à les conserver, qu'à les hazarder, & mesmes que i'avois veu qu'à cette sortie i'avois perdu ou estropié quinze ou seize des meilleures hommes que i'eusse, entre lesquels estoit le Capitaine Saint André. Enfin pour ne demeurer point opiniastre en une chose desraisonnable, & contre l'opinion de tous les Capitaines, ie dis que quand ie verrois plus grande occasion, ie me retirerois; Mais que cependant il falloit faire aussi bonne mine, que si nous ne le voulions point abandonner: & cependant y faire bonne garde, & principalement par les endroits par où on disoit qu'ils pouvoient venir par les marets, afin de n'estre point surpris par là, s'il estoit possible: & sur tout qu'il ne fust point divulgué que je voulusse abandonner ledit faux-bourg. Le second iour que ie fus arrivé audit Saint Quentin, ie dis aux Capitaines, encores que les Ennemis eussent bien eu connoissance de quelque secours qui estoit entré dans la Ville, si estoit-il bien mal-aisé qu'ils fussent bien asseurez de ce qu'il y avoit. Et pourtant, que i'avois envie de faire sortir quarante ou cinquante chevaux, pour donner sur l'un des logis, qui estoit un peu plus avant que le village de Remyçourt, & assez escarté des autres: & que selon qu'ils se gouvernoient, nous adviserions le moyen qu'il y avoit de dresser quelque entreprise. Et pource qu'ils avoient eu déja connoissance de la Compagnie de Monseigneur le Dauphin, ie dis à Monsieur de Teligny, que ie le priois de donner cette Charge à quelque sage homme de sa Compagnie, qui sur tout se donnast bien de garde de s'attacher, ny de s'amuser à combattre, & que la sortie que je faisois faire pour lors, n'estoit que pour essayer de dresser quelque meilleure entreprise. Il me pria de me roposer sur luy de la Charge que je luy baillois; & qu'il me mettroit entre les mains de personnage si suffisant; & auquel il feroit si bien entendre ce qu'il auroit à faire, qu'il m'asseuroit qu'il ne gasteroit rien. Or avois-je une si grande douleur de teste, que ie fus contraint de me mettre sur un lict au logis de Monsieur de Iarnac, où i'estois pour lors. Et cependant ledit sieur de Teligny s'en alla pour faire monter ses gens à cheval, & leur ordonner ce qu'ils auroient à faire; mais devant que de partir d'avecques moy, ie ne me contentay point de luy dire une douzaine de fois que ie ne voulois point qu'il sortist, ce qu'il m'asseura. Il fut fort diligent à faire sortir ses gens; car ie ne fus point demie heure à me reposer, que ie ne me levay pour aller voir comme tout se portoit à cette sortie, & m'y acheminant ie trouvay Messieurs de Iarnac & de Luzarches, qui venoient de la porte par laquelle ladite sortie avoit esté faite, & me conterent le grand desordre qu'il y avoit eu, en disãt que les premiers coureurs auoient tres-mal executé ce qui leur avoit esté commandé, & que Monsieur de Teligny voyant cela, encores qu'il ne fut point armé, & sur un bien mauvais courtaut, estoit voulu aller pour les faire retirer, laissant le sieur de Cuzieux avec cinquante ou soixante chevaux aupres du moulin qui est hors la porte Saint Iean : & que quand il seroit arrivé où estoient les coureurs, les Ennemis leur avoient fait une charge, où il avoit esté enveloppé & porté par terre, & qu'on ne sçavoit s'il estoit mort ou vif : sinon qu'il n'y en avoit qui disoient qu'il n'estoit point encore mort, selon qu'ils en avoient pû appercevoir, bien que les Ennemis l'eussent dépoüillé, & qu'il estoit demeuré prés la place dudit moulin. Voyant qu'il estoit si prés de ces murailles, ie dis que ie le voulois avoir mort ou vif, & commanday aux autres Chefs de la Compagnie de mondit Seigneur le Dauphin, de monter à cheval, & semblablement aux autres qui se trouverent prés de moy. Et m'acheminant vers ladite porte, il vint un soldat à pied, me dire que s'il me plaisoit, il essayeroit de l'aller querir; Ie luy promis un bon present, s'il le pouvoit faire, ce qu'il fit fort bien, & le rapporta avecques quelques siens compagnons. Quand ledit sieur de Teligny me vid, il me pria de me pardonner, & qu'il sçavoit bien qu'il m'avoit offencé, & me reitera ce langage par cinq ou six fois; Ie luy dis qu'il n'estoit plus temps de demander pardon aux hommes, & qu'il le falloit demander à Dieu: car ie le voyois si fort blessé, & en tant d'endroits, que ie ne regardois l'heure de luy voir rendre l'esprit: Si vescut-il encore une heure & demie, aprés avoir esté rapporté en la ville. Et ne fut pas petite perte que de ce Gentilhomme-là; car il estoit hardy & advisé, & s'employoit volontiers; & davantage, il parut bien depuis en cette Compagnie que le principal estoit mort. Or ce que ie trouvay de plus mauuaise digestion quand il fut blessé, dequoy il mourut, c'est que gens de bien & d'honneur m'ont dit, que les Ennemis n'estoient point plus de dix-huit ou vingt à la charge qu'ils firent à nos gens : & les nostres estoient bien autant de coureurs ; & le sieur de Cuzieux, qui outre cela n'estoit point à cent pas du lieu où il fut porté par terre, & nonobstant il fut massacré & dépoüillé, sans estre iamais secouru de nul des siens. Ledit sieur de Cuzieux dit pour son excuse qu'il avoit exprés commandement dudit sieur de Teligny, de ne partir point du lieu où il estoit, que luy-mesme ne le vint querir ; & aussi qu'il ne pouvoit avoir connoissance de ce que leurs coureurs faisoient, à cause d'un petit haut qui estoit au devant de luy. Et apres cela il se passa deux ou trois iours que les Ennemis ne faisoient pas grand chose, sinon que du costé du Bourg d'Isle, ils nous pressoient le plus qu'ils pouvoient, & firent quelques tranchées au lieu des maisons qu'ils souloient tenir, où le feu avoit esté mis avec quelques artifices de feu, par l'invention d'un Escossois de la Compagnie du Comte de Haran. Cependant il ne se perdoit point de temps dedans la uille ; car on y travailloit à tous les endroits qu'il avoit esté advisé ; & dehors la ville on coupoit des arbres autant que la commodité le pouvoit porter. Et de ma part ie solicitois ceux de la Ville à toutes heures, pour sçavoir quelle quantité de tous vivres ils trouvoient, & pour me satisfaire sur les articles que ie leurs avois baillez par memoire. Enfin ils me baillerent un estat desdites vivres ; que ie trouvay bien petit : car à vivre assez estroitement, à peine en pouvois-je avoir pour trois semaines. Et pour ce que ie me doutois bien que cette recherche n'avoit pas esté bien faite, ie donnay charge à un homme d'Armes de ma Compagnie de l'aller faire tout de nouveau, & n'exempter une seule maison, & qu'il prit deux ou trois de ceux de ma compagnie avec luy, de sa connoissance, & des plus suffisans pour cette charge, afin d'en estre soulagé ; Car aussi l'avois-je commis pour faire saler le bestail, qui estoit là dedans, dont il y avoit si petit nombre & si peu de moyen de les faire vivre, que je fus à la fin contraint d'en departir par les Compagnies, tans de pied que de cheval, pour certains jours que je leur limitay. Aussi avoit-il en charge de faire departir le pain & vin, & s'acquitta si bien de sa charge & commission, qu'au lieu que ceux de la Ville ne m'avoient donné connoissance de vivres que pour trois semaines, il en trouva pour plus de trois mois, & s'y découvroit tous les jours quelque chose de nouveau. Pour revenir maintenant à ce que faisoient les Ennemis, apres qu'ils eurent fait une tranchée du costé du bourg d'Isle, comme dessus est dit, une nuict ils approcherent les pieces pour tirer en batterie. Et ainsi que ie venois de faire une ronde à l'entour de la haute Ville, ceux qui estoient en garde au bourg me manderent que lesdits Ennemis estoient dedans les fossez dudit bourg qui y sappoient, & qu'ils me prioient de leur mander ce qu'ils auroient à faire. Ie m'y en allay, & apres avoir bien écouté, i'entendis bien qu'ils ne sappoient point dedans le fossé, & que c'estoient pieces qu'ils approchoient; Parquoy, suivant ce qui avoit esté resolu par l'advis de tous les Capitaines, ie fis commencer à retirer quelques pieces d'artillerie qui estoient là, & grande quantité de boulets de plusieurs calibres, poudres à canon, balles de laine, picques, outils à pionniers, & plusieurs autres choses; ensorte que lesdits Ennemis, quand ils furent entrez, ne se sçavoient vanter d'avoir trouvé aucune chose estant à nous qui nous eust pû servir. Aussi fis-je accoustrer les maisons, afin que le feu s'y mit plus aisement quand nous nous retirerions. Car quant aux meubles desdites maisons, ils avoient tous esté portez en la haute Ville. Quand il fut une demie heure de iour, la premiere volée commença à tirer; lors i'appellay les Capitaines qui estoient là en garde; & leurs dis qu'ils regardassent à faire retirer leurs gens tout doucement, ne voulant point attendre plus tard, pour crainte que i'eusse eu que le peu d'hommes que i'avois eussent eu à ce commencement quelque effroy; & qu'il me les eust puis apres fallu retirer en desordre & confusion, & que sur tout le feu fust mis par tout, ce qui fut bien executé, reservé en l'Abbaye d'Isle, où le feu ne pût prendre, encores que i'eusse mis grand peine à la faire bien accoustrer, ce me sembloit. Aprés avoir retiré tous les gens de guerre, & ce qui estoit dedans ledit faux bourg en la haute Ville, je fis commencer à ramparer cette porte-là, parce que cet endroit estoit fort mauvais. Et environ une demie heure apres que i'eus commencé à y faire travailler, il vint un homme de la ville me dire qu'il seroit bon de faire oster quelque quantité de poudre à canon, qui estoit dedans deux tours, qui estoient en ladite porte, dont il n'avoit iamais esté parlé auparavant, mesmes au Capitaine Languetot, auquel i'avois donné la charge de les visiter toutes, & les endroits où il y en avoit. Ie fis incontinent lever les serrures des portes, pource que les clefs ne s'en trouvoient point, & estoient les caques de ladite poudre si pourries, qu'aussi-tost qu'on les touchoit, elles s'en alloient en pieces: de sorte qu'on ne les pouvoit aussi transporter, & fallut avoir des linceuls pour les mettre dedans. Voyant que toutes choses se portoient bien là, & que des Gentil-hommes des miens que i'y laisserois, pourroient faire continuer ce que i'y avois commencé: apres y en auoir ordonné trois ou quatre, ie m'en allé faire la ronde de toute la ville; afin que les habitans n'en fussent estonnez, parce qu'on auoit abandonné ce faux-bourg. Et comme i'eus quasi acheué tout le tour, estant prés de la platte forme de la tour à l'eau, ie vis le feu, qui se prit aux pouldres qui estoient à ladite porte: où ie courus le plus diligemment que ie peus, & trouuay, que la ruyne avoit fait une breche, pour y tenir vingt ou vingt cinq hommes de front. Ie rallie ce que ie peus promptement de gens auprés de moy, pour la deffence de ladite brèche, pour ce que les ennemis avoient desia gagné le faux-bourg, & leur eust esté dés cette heure-là aysé d'emporter la ville, n'eust ésté, que le feu & la fumée des maisons, qui brusloient, leur ostoit la connoissance. Car ie fus une bonne demie heure, & plus, sans que i'eusse plus de sept hommes avec moy, pour pouvoir deffendre ladite bréche, s'il y fust venu affaire. Ie n'en donne point de tort aux gens de guerre : car, comme ils virent la porte fermée, & quasi remparée, chacun se retira en son logis, pour repaistre & se rafraichir ; & l'inconuenient qui aduint, estoit trop inesperé. Les vns pensoient, que ce fussent des bluettes de feu des maisons qui brusloient : les autres que ce fust d'vne piece d'artillerie, qui tira au dessus de la porte. Il se perdit là trente cinq ou quarente personnes, entr'autres cinq gentil-hommes des miens, fort gens de bien & de seruice ; lesquels j'auois là laissez, pour faire diligenter les Ouurages, attendant que ie fusse de retour. Pour reuenir à mon propos de ce que i'eus pour vn temps si peu de gens auec moy ; apres qu'vn chacun en fut aduerty, veritablement tous se diligenterent de venir, en sorte, que la bréche fut bien bordée : & y fut fait telle diligence à la remparer par haut & par bas, qu'en moins de deux heures elle fut renduë quasi aussi forte qu'elle estoit auparauant. Le mesme iour que le faux-bourg fut abandonné, les Ennemis commencerent à nous approcher de plus prés à la haute Ville, qui fut cause aussi de nous faire diligenter nos ouvrages dedans la Ville, ce fut à faire ramparts ou accoustrer plates-formes : car à cette heure-là, un chacun, tant de gens de guerre, comme celuy de la Ville, s'employoient fort volontiers aux ouvrages. Or de tout ce que je faisois, ou pour le moins de ce que je pouvois, i'en aduertissois Monsieur le Connestable. Il se passa ainsi un iour ou deux, que les ennemis ne nous donnoient pas grand empeschement : & cependant ie regarday à donner le meilleur ordre que ie peus pour les vivres, tant à les faire retirer ensemble, le plus qu'il m'estoit possible, qu'à pourvoir qu'il ne s'en fist point de degast par les maisons privées : aussi de faire retirer chacun à son quartier, pource qu'à faute de cela, il y avoit de la confusion. Il fut aussi ordonné certaines personnes avecques quantité de chariots, pour mener fients & fassines, où il en estoit de besoin. D'autres qui furent ordonnez à faire transporter les immondices qui estoient par la Ville, à cause du grand nombre de bestail qui se tuoit iournellement : Et generalement pour toutes choses, dont de moy-mesme ie me pouvois adviser, ou dont l'on m'advertissoit ; i'y faisois mettre le meilleur ordre, & le plus prompt que ie pouvois. Et pour gratifier plus ceux de la Ville, i'allois ordinairement en leur Hostel de Ville ; où ie faisois assembler les principaux ; & la resoluois des choses que ie voulois bien qu'ils sceussent. Ie ne dois point obmettre sur ce propos, que ie vis iamais de son estat un plus affectionné ny diligent serviteur, qu'estoit le Maior de la ville le nommé Gibercourt, tant pour le service du Roy, que pour le bien & conservation de la ville, mais il n'y en auoit point d'autres qui le secourussent. Enuiron ce temps-là, le Sieur de Luzarches, mon Lieutenant, deuint malade, qui le fut tant que le siege dura. Ce me fut vn fort grand desplaisir : car c'estoit vn sage Gentil-homme & aduisé, & duquel i'eusse peu estre grandement secouru. Quelques iours apres que i'eus abandonné le Faux-bourg, & que ie me fus retiré dans la ville, le secours que Monsieur d'Andelot amena, faillit à y entrer. Dont ceux de la ville commencerent vn peu à s'estonner. Mais ie fis tant, que ie les remis pour cette fois là ; en leur remonstrant, que ie n'estois point venu là pour me perdre ; & que i'y auois amené tant de gens de bien, qu'auec ceux-là & ceux de la ville, quand bien il n'y en entreroit point d'autres, nous estions suffisans pour nous bien deffendre contre toute la force qu'auoient nos ennemis. Mais que ie les asseurois que Monsieur le Connestable tenteroit tous les moyens du monde pour nous secourir. Ie fus lors aduerty, qu'entre ceux, qui s'estoient retirez dedans S. Quentin, de l'allarme qu'auoient donné les ennemis; marchans par païs, il y auoit plusieurs bons hommes de la frontiere, qui auoient accoustumé de faire la guerre en de petits forts où ils se tenoient. Parquoy, pour me seruir de tout ce que ie pouuois, ie donnay charge à deux gentils-hommes du païs, l'vn nommé Collincourt, & l'autre Amernal, d'alborer chacun vne enseigne, & comme ceux qui les connoissoient mieux que nuls autres, qu'ils eussent à retirer sous eux la plus grande partie, & les meilleurs hommes qu'ils pourroient trouuer, & les mieux armez; qu'apres les auoir enroolez, ils les fissent assembler en la grande place, & que moy mesme irois faire leur monstre, & leur ferois bailler à chacun vn escu. Ce qu'ils firent bien promptement, & ce mesme iour & me monstrerent tous deux, deux cent vingt hommes assez bien armez, & en bon équipage pour le lieu. Ie les fis payer comme ie leur auois promis, & puis ie leur baillé vn quartier ; & me promenant par la ville, ie voyois plusieurs pauures personnes, qui s'estoient retirez des villages, & lesquels pour quelque commandement que i'eusse fait, ne vouloient point aller trauailler. Pourtant ie fis vne publication, que toutes personnes, qui se seroient retirez des villages eussent à aller trauailler aux reparations, sur peine d'estre foüettez par les quarrefours la premiere fois qu'on les trouueroit deffaillants, & pour la seconde d'estre pendus : sinon qu'une heure deuant la nuit ils se tinssent prests à la porte de Han ; & que ie leur ferois ouurir la porte pour sortir hors de la ville. Il en sortit pour cette fois là, environ sept à huit cent. Ce me fut autant de décharge : car il falloit les nourrir, ou les faire mourir de faim, qui eust peû apporter une peste dans la ville. Ce mesme iour ie fus aux quartiers de la ville, où il y avoit grande confusion. Car encore qu'il y eust seize hommes de la ville deleguez pour cela, si s'acquittoient-ils si mal de leur charge, que c'estoit temps perdu de leur rien commander. Et pourtant ie deleguay seize Gentils-hommes de ceux qui estoient residens en la ville ordinairement, pour avoir cette charge des quartiers, & me sçauoir rendre compte, tant de leurs gens, que des armes qu'ils auoient en leur logis. Quant ie vis, que le premier secours n'estoit point entré : la chose à quoy ie prenois le plus garde tous les soirs & matins, estoit à l'assiette des guets que nos ennemis faisoient, pour voir s'il y auroit moyen d'y en faire entrer, & d'en advertir Monsieur le Connestable. Et apres auoir tout bien consideré, il me sembloit faisable; comme aussi faisoit-il à ceux ausquels i'en communiquois. Et principalement pour n'avoir point encor lesdits ennemis pris les logis qui plus nous pouvoient incommoder à cela. Pour cette cause ie depeschay trois Archers de ma Compagnie, qui estoient de ce pays-là, & leurs fis bien au long entendre ma conception, & leur monstray trois endroits par l'un desquels ils ne pouvoient faillir d'entrer; & leurs fis entendre trois signals, afin que par cela ils peussent connoistre par où ils auroient à venir, & l'endroit qui seroit le plus aisé à entrer. Cela faisois-je pource que lesdits Ennemis pouvoient, ou faire un nouveau logis, ou un guet non accoustumé, dequoy ie ne pourrois si promptement advertir ceux qui viendrois. Le premier soir que ie voulus faire sortir lesdits Archers ils ne pûrent, pour avoir esté découverts desdits Ennemis; mais si firent-ils bien le lendemain que lesdits Ennemis aussi delogerent, & se vindrent mettre aux endroits que ie craignois le plus, dont lesdits Archers peurent bien avoir connoissance; car ils marcherent au travers d'une partie de l'armée qui marchoit, si ne me voulu-je pas fier à cela, car par un autre moyen i'advertis à l'heure mesme Monsieur le Connestable, qu'il ne pouvoit plus secourir par les endroits que ie luy avois mendé par mesdits Archers. Dés cette heure-là les Ennemis commencerent à faire leurs tranchée, & nous approcher du costé de la porte de Rémycourt, ce qui leur estoit aisé à faire, à cause de la grande quantité de hayes & arbres qu'il y avoit iusques sur le bord du fossé; où ie n'avois pû faire travailler, pource que les ouvriers que i'avois, avoient esté employez en des endroits que ie doutois encore plus que cettuy-là. Dés le commencement ie m'appereceus que leurs pionniers iettoient grande quantité de terre en un mesme lieu; ce qu'il estoit aisé à iuger que c'estoit plustost une mine qu'une tranchée. Pour en avoir meilleure connoissance, ie montay au clocher, & y menay avec moy Lauxfort

Anglois, lequel estoit aussi mineur, qui fut bien d'opinion que c'estoit le commencement d'vne mine : Mais de bonne fortune il y auoit desia deux ou trois iours qu'il auoit commencé de contreminer, en lieu si à propos, qu'apres auoir bien tout veu & consideré, il me dit, que ie ne me donnasse point de peine de ce qu'ils faisoiẽt, & qu'il m'asseuroit qu'il leur gagneroit tousiours le deuant ; & pourtant que ie pourueusse au reste ; comme aussi faisois-ie le plus diligemment que ie pouuois. Or l'vne des choses, en quoy i'avois le plus de pensement, & comme aussi celle qui estoit la plus necessaire, estoit vn moyen par lequel ie peusse estre secouru. Enfin ie n'en trouuay point de plus expedient, que par vn marets, où il y auoit certains petits passages creux, qu'il failloit rabiller, pour ce que l'eau y estoit profonde; lesquels ie fis rabiller ; & apres qu'il me fut rapporté qu'il y auroit moyen de faire venir gens par là, i'en advertis incontinent Monsieur le

Con-

Connestable, & du iour que ie tiendrois lesdits passages prests; lequel me manda que i'avois eu connoissance de sa Cavalerie, qui estoit venuë bien prés de moy: mais que dedans le iour que ie luy avois mandé, ils m'approcheroit bien encor plus prés: & que cependant ie me pourveusse de ce qui avoit donné moyen au Capitaine Saint Romain d'entrer dedans Saint Quentin: me donnant assez à entendre par là, que c'estoient des batteaux, desquels ie ne pouvois recouvrer, & avois seulement deux ou trois petites nasselles, où il ne pouvoit pas tenir plus de deux ou trois hommes à la fois, encore estoit-ce avec grande difficulté. Cependant les Ennemis travailloient fort à leurs tranchées, & commencerent à approcher nostre fossé. A quoy ie ne pouvois remedier; car je n'eusse sçeu avoir cinquante arquebusiers dequoy faire estat: n'estant entré encores dedans la Ville, sinon de ce que i'ay dit cy-devant des bandes du Capitaine Saint André & Rambouillet. D'harquebuſes à croc, quand i'entray dedans la ville, entre bonnes & mauvaiſes, ie n'en trouvay que vingt & une. L'on peut par là juger, combien j'en pouuois mettre enſemble. Ie n'avois une ſeule platte-forme qui euſt cognoiſſance du lieu où ils travailloient; parquoy d'artillerie je ne m'en pouvois non plus ayder. De faire ſortir gens, il n'eſtoit pas raiſonnable, veu le petit nombre que i'en auois; & qu'il euſt eſté beſoin de mettre une bande d'harquebuſiers pour ſouſtenir & dedans & dehors, ceux qui euſſent fait execution de la ſortie; ce que ie n'avois pas. En ſomme, ie ne leur pouvois pas donner grand empeſchement; de quoy i'eſtois fort marry. Et ma principale occupation eſtoit, de faire remparer les lieux qui en avoient beſoin. Mais encores en eſtois-ie grandement diverty par des pieces que les ennemis avoient logées sur la platte-forme du bourg d'Isle ; qui voyent tout le long de la courtine, où il me falloit travailler: & pour cette raison ne pouvois-ie plus recouvrer d'ouvriers, si ce n'estoit à coups de baston. Et pource que iusqu'à cette heure-là, tous ceux qui avoient travaillé, avoient esté volontairement, ie fus lors contraint de faire un roolle de pionniers, ausquels ie promettois de les nourrir, & outre cela de leur bailler argent chacun iour ; pource que les vivres commençoient à estre fort courts, & pour la friandise d'vn peu d'argent. Cela fut cause qu'il s'en enrolla environ trois cent, qui me servirent assez bien pour quelque temps. Et neantmoins ie ne laissay pas outre cela, de faire venir de ceux de la ville tant hommes que femmes, tout ce que ie pouvois. Sur ces entrefaites Monsieur le Connestable s'en vint presenter du côté du marets, pour faire passer le secours qu'il me vouloit envoyer ; & estoit de l'entreprise avec des batteaux, l'une des plusbelles qui fust iamais faite, n'eust esté que lesdits batteaux ne pouvoient approcher du rivage, à raison de la vase, & que les soldats desireux d'entrer, les chargeoient tant qu'apres ils ne pouvoient déborder. Ie n'entreray point plus avant aux particulia-ritez de ladite entreprise, pource que ie n'y estois point : seulement diray-je que cette nuict-là ie fis tenir les passages que i'avois mandé, prests iusques au poinct du iour que ie les fis rompre, afin que les Ennemis n'en eussent point de connoissance ; Car tant que le iour duroit, ils ne bougeoient de se promener par les marets avec des nasselles. I'avois commis le Capitaine Saint Romain, & quelques soldats avec luy, pour recueillir & conduire ceux qui m'eussent esté envoyez ; lequel me dit à son retour que les passages à quoy ie l'avois commis, estoient si bien ra-billez, qu'il pensoit me pouvoir mettre dans la Ville dix mille hommes avant qu'il eust esté iour. Aussi diray-je que Monsieur d'Andelot, mon frere, y entra avec une troupe de quatre cent cinquante à cinq cens soldats, fort bons hommes, & quinze ou seize Capitaines fort suffisans. Il y entra aussi quelques Gentilshommes pour leur plaisir; mais bien peu; comme le Vicomte du Mont Nostre Dame, le sieur de la Curée & Matas. Aussi y entra le sieur de Saint Remy, homme fort experimenté en fait de mines, & lequel s'estoit auparavant trouvé en sept ou huit places assiegées. Aussi y entra un Commissaire d'Artillerie, & trois Canonniers, qui estoit une chose dont i'avois grandement affaire: car ie n'en avois un seul auparauant, sinon ceux de la Ville, qui estoient tels quels. Or encore que toute la troupe qui estoit ordonnée pour entrer dans la Ville avec ledit sieur d'Andelot, n'y fust pas venuë pour l'empeschement qu'elle eut des Ennemis: si peut-on penser quel plaisir i'eus en voyant ce qui estoit entré,

& principalement ledit Sieur d'Andelot, pour y avoir vn second moy-mesme, & sur lequel ie me pouvois tant reposer, encores que veritablement i'y eusse auparavant de gens de bien. Apres qu'il se fut seiché, (car il avoit esté fort moüillé en entrant, aussi tous les autres,) & qu'il eut esté recognoistre tout le tour de la ville, nous departismes les quartiers aux gens qu'il auoit amenez. Semblablement, apres que ledit Sieur de Saint Remy eut bien tout veu, & mesmes la contre-mine que Lauxfort Anglois faisoit, il me montra les lieux où il luy sembloit contre-miner. Et pourtant dés l'heure mesme nous mismes les gens en besogne, qu'il falloit pour cela. D'autre part i'envoye querir le Capitaine Lanquetot, pour remettre la charge de l'artillerie entre les mains du Commissaire qui estoit entré : Dont ie me repentis bien puis apres ; car elle estoit bien mieux menée tandis que ledit Lanquetot la gouvernoit, qu'elle ne fut depuis,

Ie fus deux iours que ie ne sçauois pas certainement la route de Monsieur le Connestable, sinon que quelques soldats, qui y auoient esté pris, échaperent du camp des ennemis, & se vinrent ietter dedans les fossez de nostre ville, qui me conterent comme tout estoit passé. Aussi vis-ie pour suffisant tesmoignage quelque nombre d'enseignes de celles qui auoient esté prises, que lesdits ennemis mirent en parade sur leurs trenchées, pour nous en donner la veuë dedans la ville. Or cette nouvelle estonna & descouragea si fort tout le peuple de ladite ville, voire, si i'ose dire, vne bonne partie des gens de guerre, que i'auois bien à faire à les asseurer. Aussi d'ouvriers ie n'en pouuois plus quasi trouuer; car ils se cachoient dedans les caves & greniers; & pource qu'aux plus importants lieux on n'y pouvoit travailler que de nuict, à cause du grand dommage que nous faisoit l'artillerie. Quand les ouvriers avoient esté mis en besogne, & que l'on y avoit mis des guets de tous costez, si ne pouvoit-on faire en sorte qu'en moins d'une heure tout ne se derobast. L'une des choses dequoy nous avions le plus affaire, estoit de traverses : pource que la courtine, en laquelle les Ennemis addressoient leurs batteries, estoient si veuës par flancs, des pieces qu'ils avoient logées sur la platte forme d'Isle, qu il y avoit bien peu d'endroits où l'on ne fust descouvert depuis le pied iusques à la teste : si remedioit-on à tout le mieux qu'on pouvoit. Et ne dois point sur ce propos obmettre une invention que trouva Monsieur d'Andelot, de lever une traverse qui nous estoit de grande importance; Ce fut qu'il se servit de vieux batteaux, qui avoient esté autresfois faits pour passer les rivieres quand une armée marchoit, lesquels il arrengeoit les uns sur les autres, à force de bras d'hommes, & les faisoit remplir de terre; en sorte qu'en un iour il eut fait tout ce que nos ouvriers n'eussent pas fait en un mois. Or non point en cela seulement, mais à toutes autres choses il s'employoit, & faisoit mettre la main comme personne de iugement. Et si ce n'estoit qu'il est mon frere, & d'autre part assez conneu, ie dirois davantage de luy que ie ne fais. Bien puis-je dire que sans luy ie fusse demeuré sous le faix; Car ie n'eusse peu satisfaire seul à la peine qu'il falloit avoir, de laquelle il prit la meilleure part depuis qu'il fut entré dans la Ville. Pour revenir au principal de mes memoires, quand ie vis que Monsieur le Connestable fut pris, ie voulus hazarder quelques hommes pour sçavoir à qui i'aurois à m'addresser pour faire entendre mes necessitez. Ie sceus que c'estoit à Monsieur de Nevers, & que Monsieur de Bordillon estoit à la Fere, auquel de là en auant ie faisois toutes mes addresses, pource qu'il estoit plus pres de moy. Et pource que ie voyois le grand appareil que faisoient nos ennemis ; de trenchées & de gabions ; & mesme que ie voyois arriver vn grand train d'artillerie ; outre celuy qui pouvoit desja estre en leur camp : ie regardois & pensois principalement au moyen qu'il y auroit de faire entrer des gens de guerre, & nommément des harquebusiers. Enfin, par l'advertissement de quelques pescheurs, ie sceus qu'il y avoit vn endroit dedans les marets, qui n'estoient pas gueres plus creux que iusqu'à la ceinture d'un homme : &, pour en estre plus certain, ie l'envoyay recognoistre par soldats ; qui me le rapporterent ainsi. Parquoy ie l'escrivis plus certainement à Monsieur de Bordillon, pour le faire entendre à Monsieur de Nevers ; & luy mandois la facilité qu'il y auoit de me secourir, le besoin que i'en avois ; & s'il avoit à m'envoyer des gens, le moyen qu'il avoit à tenir auec les guides qui les conduiroient. Monsieur de Nevers se trouva à la Fere, quand ledit Sieur de Bordillon receut mes lettres : Lequel me fit luy-mesme réponse ; & me manda, qu'il m'envoyeroit trois cent harquebusiers ; qui estoit tout ce qu'il pouvoit faire : & me mandoit le iour. Lequel venu, ie les attendois au lieu par lequel ils devoient entrer, pour faire donner le signal, que ie leur avois mandé quand il seroit temps. Environ une heure apres minuict i'oüis l'allarme, qui se donna au guet des ennemis, par lequel il falloit qu'ils passassent ; & sans point de doute, Messieurs d'Andelot & de Iarnac, & moy, qui estions là ensemble, iugions bien le nombre desdits ennemis estre petit & avec effroy ; mais apres s'estre recognus, & voyant qu'il n'y avoit personne des nostres qui les chargeassent, ils donnerent sur eux, & les rompirent, en sorte que de trois cents harquebusiers qui avoient esté ordonnez, il n'en entra que six vingts, encores tous desarmez,

& gens nouveaux, qui ne m'apporterent pas grand faveur. Quant aux Chefs qui les conduisoient, il n'en entra point ; mais un Sergent seulement. Ie ne pensois pas qu'ils deussent venir si mal accompagnez ; car ayant veu asseoir le guet des Ennemis deux ou trois fois ensuivant, i'avois entr'autre chose mandé audit sieur de Bordillon, par l'advis des Capitaines qui estoient avec moy, qu'il falloit envoyer des gens de cheval avec des gens de pied, qui eussent donné l'allarme ausdits Ennemis, à gauche & à droite du passage, cependant que ceux qui devoient entrer dedans la Ville passeroient, ce qu'on pourroit faire sans danger : Car il n'y avoit point trente hommes desdits Ennemis au guet, & environ soixante ou quatre-vingts hommes de pied, & si ne falloit point craindre qu'il vint force de l'Ennemy sur leurs bras ; car il n'y avoit que les Enseignes qui estoient logées dedans ledit faux-bourg d'Isle, qui estoient six ou sept bien loin dudit passage. Tout le reste estoit passé l'eau; qui n'eussent pas sceu passer si tost de nuit les destroits des chaussées, que nos gens de cheual ne se fussent retirez. Et cependant, s'il y eust eu moyen de nous enuoyer plus grande force, ils fussent encor plus aysément entrez, que ne firent les autres : car ils n'eussent trouué aucun empeschement. Toutesfois ie ne doutois pas, que, ce que Monsieur de Neuers fit, il le fit auec bonne & meure deliberation de beaucoup de Capitaines, gens de bien, qu'il avoit avec luy. Ce que i'en dis, est pour faire entendre la maniere, par laquelle i'avois mandé, que les hommes pouvoient entrer : & que ie n'avois point mandé cét advertissement sans premierement avoir bien reconnu quelle difficulté il y pourroit avoir. Ce fut le dernier secours que i'eus. Car depuis celuy-là, ie n'en voulus plus demander; pour ce que Monsieur de Neuers m'avoit écrit, qu'il m'envoyoit tout ce qu'il avoit pû mettre ; ensemble, qu'encores avoit-ce esté avec grande difficulté ; & aussi, que de là en avant il ne me fut plus possible de faire sortir gens, pour mander de mes nouvelles, & faire entendre nos necessitez. Ce qui ne tint point à essayer par plusieurs endroits & diverses personnes : mais le guet estoit si grand, que nul n'y pût passer. Entre les autres y en eut vn pris, qui estoit Lieutenant du Capitaine Lestang, nommé Brion ; qui me sembloit homme bien resolu, & lequel me promit qu'il passeroit outre, ou qu'il seroit pris. Il ne me falloit donc plus penser qu'à me bien deffendre avec ce que i'avois, sans plus attendre de secours. Pourtant mettois-ie toute la peine que ie pouvois de faire travailler, & remedier aux lieux où il estoit plus de besoin ; & entre les autres à nos contremines. Qui me servoient à deux effets. L'vn, pour gagner le deuant à nos ennemis, s'ils vouloient faire leur effort par là. L'autre, que par lesdites contremines il nous falloit essayer de gagner vn moineau, qui estoit dedans nostre fossé, lequel nous pouvoit beaucoup servir : & aussi l'entrée de nos tours ; pource qu'il n'y en avoit point que par le haut : lequel estant abatu, les ennemis en demeuroient mieux maistres que nous. Et si par ce moyen il ne nous demeuroit vn seul flanc ; ce dont nous nous apperceusmes bien mieux puis apres. Or la contremine que nous eussions la plus avancée, & de la plus grande importance, estoit celle de Lauxfort Anglois : mais il me sembloit qu'il ne s'y faisoit pas telle diligence que i'eusse bien voulu. Aussi cognoissois-ie que ledit Lauxfort commençoit à s'estonner, dont ie ne luy faisois toutesfois aucune demonstration, ni en visage, ni en parole : au contraire, ie luy disois que ie me tenois toûjours asseuré de son costé, & qu'il me tiendroit promesse de gagner toûjours le deuant aux ennemis. Il commença à se plaindre de la grande peine qu'il avoit euë; & me demanda quelqu'un pour le soulager. Dont ie fus fort aise : Car ie ne luy en osois bailler auparavant, craignant qu'il ne pensast, que i'eusse quelque défiance de luy. Aussi estois ie bien aise de luy bailler quelqu'un pour apprendre ce qu'il faisoit, encor qu'il ne se passast iour, que ie n'y allasse vne fois pour le moins. Le Sieur de Saint Remy travailloit continuellement de son costé, & faisoit une extréme diligence. Mais il trauailloit en cinq ou six endroits. Aussi estoit-il secouru des cõpagnies des gens d'armes, au quartier desquels il travailloit : car il y avoit tousiours gens ordonnez à solliciter les ouuriers sous luy. Tant plus i'allois en avant, & moins i'estois secouru de ceux de la ville, & principalement pour avoir des gens pour remparer. Et afin de les intimider d'auantage, ie fis faire une reueüe de ceux qui ne trauailloient point;

& en fis sortir de cette fois-là bien cinq à six cens, lesquels au veu de ceux de ladite Ville estoient assez mal-traittez des Ennemis ; & les asseurois que i'en ferois autant des autres que ie connoistrois qui ne travailleroient point. Mais quand i'en eusse fait esquarteler, ie croy qu'aussi peu i'en eusse esté secouru. Les Ennemis estoient arrivez devant Saint Quentin le deuxiéme iour d'Aoust : & depuis ledit iour iusques au vingt-uniéme dudit mois, ils ne firent aucune chose que se retrancher, tant pour la seureté de leur artillerie, que pour approcher & gagner nostre fossé : & nous cependant ne leur pouvions pas donner grand empeschement pour faire sorties, à raison du petit dombre d'hommes que i'avois. Toutes les sorties que ie faisois faire, n'estoit que pour prendre langue, afin d'estre adverty de ce que faisoient lesdits Ennemis ; & principalement que ie doutois qu'ils ne nous fissent quelque mine de laquelle ie ne peusse avoir cognoissance. Quelquesfois que i'ay fait faire lesdites sorties, Monsieur de Iarnac s'est presenté à moy pour y aller : Ce que ie ne luy voulois permettre, pource qu'il ne me sembloit pas raisonnable. Or apres que lesdits ennemis eurent seiourné deuant nous iusqu'au vingt & uniesme dudit mois, ce dit iour ils commencerent à tirer en batterie au poinct du iour : (car ce qu'ils auoient tiré auparavant, estoit de la platteforme du bourg d'Isle, aux lieux où ils nous voyoient travailler,) & continuerent à tirer sept iours, non pas en un lieu seul : car il ne se passoit gueres nuict qu'ils ne changeassent de lieu à leurs pieces, pour faire nouvelle batterie. Ie croy que l'une des choses qui fit autant differer lesdits ennemis à commencer leur batterie, ce fut qu'ils vouloient attendre que les entrées qu'ils faisoient par dessous terre', pour venir gagner nostre fossé, fussent faites : car du premier ou second iour nous eusmes cognoissance qu'ils commençoient à percer la terre du fossé par leur costé. Et bien-tost apres ils assirent des mantelets par dessous, lesquels ils passoient ledit fossé, pour venir de nôtre costé, sans que nous leur peussions faire mal : car nous n'avions nuls flancs qui eussent cognoissance d'eux, ni dudit fossé. Et toutes les pierres qu'on leur iettoit, ne les pouvoient endommager, à cause desdits mantelets. Ils commencerent leur batterie à l'endroit du moulin à vent, qui est prés la porte Saint Iean ; & continuerent depuis cet endroit-là, iusqu'à la tour à l'eau; de sorte qu'il ne demeura qu'une seule tour qui ne fust abbatuë, & bien fort peu de courtines. Et fusmes tous deceus en une chose: Car nous pensions la massonnerie de nos tours & courtines, beaucoup plus forte qu'elle n'estoit ; pource que le parement estoit de grez, & l'épaisseur des murailles bonne: mais les matieres estoient si mauvaises qu'aussi-tost que le dessus estoit entammé, tout le reste tomboit quasi de luy-mesme. Nous eusmes beaucoup de gens tuez & blessez des parapets. Sur le troisiéme ou quatriéme iour de leur batterie, ils passerent dix ou douze pieces du costé du Bourg d'Isle, & les assirent en l'Abbaye qui estoit audit Bourg, dont ils battirent la porte, où i'ay dit cy-dessus que le feu qui s'estoit mis dedans les poudres, avoit fait si grande ruine, iusques à ce que lesdits Ennemis se fussent faits maistres de nostre fossé, ie vis le Sieur de Saint Remy en bonne esperance de faire quelque chose de bon, par les contre-mines: mais depuis qu'il les eut veus là logez, il me dit qu'il ne pouvoit plus leur mal faire, & qu'ils avoient gagné le dessous de luy; me disant par là plusieurs fois, qu'il n'avoit iamais mis le pied en une si mauvaise place, & qu'il y avoit long-temps qu'il en avoit adverty le feu Roy: Ce que i'en dis n'est pas pour le blasmer, comme si ie l'auois veu estonné pour peur qu'il eust; mais il estoit plustost fasché, de ne trouuer quelque remede, tel qu'il eust bien voulu. Car ie l'ay veu, au demeurant, homme resolu, & auec contenance d'homme asseuré. Ie ne diray pas cela de Lauxfort. Car plus il alloit en auant, & plus me sembloit-il estonné, & ne vouloit plus aller aux contremines, quasi que par acquit. Depuis le premier iour que la batterie commença, iusques à la fin, Monsieur d'Andelot mon frere, & moy, auec ledit Sieur de Saint Remy, allions tous les soirs reconnoistre le dommage, que l'artillerie pouuoit auoir fait le iour, & resoluions auec les Capitaines, aux quartiers desquels la chose touchoit, ce qu'ils auoient à faire ; & puis les sollicitoit-on, afin que ce qui auoit esté ordonné, fust viuement & diligemment executé. Apres que ladite batterie eut continué trois ou quatre iours, il se mit vn certain effroy entre plusieurs, tant de ceux de la ville, que mesmes d'aucuns gens de guerre, dons i'ay eu cognoissance, en me promenant de nuict, que l'on ne me voyoit point ; & toutesfois ie faisois le sourd & l'aveugle, en donnant courage à ceux mesmes qui me sembloient les plus estonnez. Et pour remedier à cela, i'avois tenu un langage quelques iours auparavant, où estoient quasi tous les Capitaines, & plusieurs soldats : qui estoit en substance, que i'estois bien resolu de garder cette place avec les hommes que i'avois, & que si l'on m'oyoit tenir quelque langage qui approchast de faire composition, que ie les supplois tous qu'ils me iettassent, comme un poltron, dedans le fossé pardessus les murailles : que s'il y avoit quelqu'un qui m'en tinst propos, ie ne luy en ferois pas moins. Et ne veux sur ce point obmettre à satisfaire à aucuns qui s'esbahissoient que ie n'assemblois plus souvent les Capitaines. Car ce qui m'en gardoit, estoit, que hors de ma presence il se tenoit des langages si estranges & si contraires à ma resolution, que i'eusse eu crainte qu'il m'en eust esté mis quelque chose en avant. Ie ne crains point aussi qu'il y ait Capitaine ni soldat qui puisse dire que ie ne l'aye écouté à quelque heure de iour ou de la nuict qu'il aura voulu parler à moy. Et si cela a esté de chose à quoy il aye fallu pourvoir, que ie n'y aye esté, & mené de ceux en qui ie me fiois le plus pour en resoudre, sans user de plus grande longueur, comme l'on est contraint de faire, quand il y faut appeller tant de gens. Aussi qu'il ne se passoit iour, que deux ou trois fois en passant par les quartiers, ie ne demandasse aux Capitaines leurs opinions, & mesmes que ie ne leur conferasse de ce qui se faisoit aux autres. D'autre-part, que la premiere harangue que ie leur avois faite, estant entré dedans la ville, estoit, qu'un chacun eust à m'advertir de ce qu'il iugeoit pouvoir servir à la conseruation de la place, ainsi, que ie l'ay mis cy-deuant. La batterie donc des ennemis, continua iusqu'au sixiesme iour, enuiron les deux heures apres midy; que nous les auions aussi en plusieurs endroits dedans nostre fossé, & iusques à nos papiers, à la longueur des picques. A cette heure-là, le guet, que i'auois dedans le clocher de la grande Eglise, m'aduertit, que de toutes parts il voyoit l'armée desdits ennemis se mettre en armes: & que plusieurs gens de pied s'acheminoient aux trenchées. Ce que ie fis entendre à tous les endroits & quartiers de la ville, afin que chacun eust à se tenir sur ses gardes; estimant que ce mesme iour ils nous vinssent donner l'assaut. Et moy-mesme allay à trois ou quatre des bréches les plus prochaines de moy, pour voir l'ordre qui y estoit tenu. Où c'est que ie trouuay vn chacun monstrant semblant de vouloir bien se deffendre. Le semblable entendis je de tous les autres endroits

droits, où i'avois enuoyé des gentils-hommes. Qui fut cause, que ie m'en retournay bien contant à la bréche que ie deliberois deffendre ; qui est celle, que i'estimois que lesdits ennemis feroient leur principal effort ; pour ce qu'ils s'estoient fort opiniatrez à battre cét endroit-là, & à ne nous laisser aucune chose qui eust peu servir de flanc ; mesme que c'estoit vis à vis de l'entrée qu'ils avoient faite en nostre fossé. Comme nous estions tous attendans l'assaut, lesdits ennemis mirent le feu en trois mines, lesquelles toutes trois entroient sous nostre rempart, dont les principales furent au quartier de Monseigneur le Dauphin. Mais le dommage ne fut pas si grand, comme, à mon advis, ils esperoient ; & croy, que cela fut cause, qu'ils ne donnerent point l'assaut ce iour là. Aussi ne firent ils pas grand effort en autres choses. Ils se contenterent de venir reconnoistre les bréches de mon costé,

& de descendre dedans le fossé, à l'endroit que gardoit Monsieur d'Andelot, mon frere. Apres que lesdits ennemis se furent retirez; ie m'en allay voir l'effet qu'auoient fait lesdites mines: Mais ie trouuay, que par là nous ne pouuions pas receuoir grand dommage. Si y failoit il toutesfois trauailler. Ce que ie remis à quand il seroit nuit, pour ce qu'on ne le pouuoit faire de iour, pour estre en veuë desdits ennemis. Le feu s'estoit mis deux iours auparauant en des maisons qui estoient couuertes de chaume, derriere les Iacobins; & en moins de demie heure il y en eut vingt cinq ou trente de bruslées: Et de malheur le vent estoit fort grand ce iour là; qui chassoit droit au cœur de la ville. Ie m'y encourus soudainement avec un gentil-homme, ou deux seulement, n'ayant voulu souffrir qu'il m'en suiuist d'auantage: & mesme que ceux, que ie trouvois des gens de guerre, ie les renuoyois dans leurs quartiers, craignant que sur cette occasion les ennemis ne voulussent entreprendre de faire quelque effort, encore que pour l'heure il n'y eust pas grande apparence. Ma presence ne seruit pas de peu, pour remedier à ce feu; car ils estoient tous si estonnez, qu'ils ne sçauoient qu'y faire. Ie fis rompre deux ou trois maisons au deuant, & fis tant que ledit feu fut arresté. Quand ce vint sur la nuit, ie m'en allois, comme de coustume, pour voir ce qui se pourroit faire en chacun endroit. Il y en avoit trois principaux, qui estoient au quartier de la Compagnie de Monseigneur le Daulphin, celuy que Monsieur d'Andelot gardoit, & la porte d'Isle. L'on travailla toute la nuit, le plus que l'on pût. Et entr'autres endroits ie trouvay que Monsieur de Cusieux auoit fort bien travaillé cette nuit-là: car ladite Compagnie de Monseigneur le Darphin estoit departie en deux; & le plus grand dommage, que les mines eussent fait, c'estoit à l'endroit que gardoit le Sieur de Cusieux. Quand ce vint, un peu apres le point du iour, le Sieur de saint Remy me vint dire, qu'il venoit de la porte d'Isle, & qu'il ne trouvoit pas qu'on y eût fort travaillé. D'avantage qu'il luy sembloit, que les gens de guerre se refroidissoient fort à leur besogne, & qu'ils trouvoiét difficile tout ce qu'on leur proposoit. Enfin, que leur contenance ne luy plaisoit point, & qu'il me conseilloit d'aller iusques là. Ce que ie fis incontinent, & le menay avec moy. Et en y allant, il commença à me dire, qu'il me plaignoit merveilleusement, pour la peine qu'il voyoit que ie prenois nuit & iour; voire en une place si mauvaise, qu'il ne voyoit pas que i'y peusse faire un tel service que ie desirerois, tant pour la debilité de la place, que pour me defaillir le principal, de quoy il eust esté besoin d'estre pourueu, qui estoit d'hommes: Me voulant en outre bien advertir, que de si peu, que i'en auois encores y en avoit-il la plus part de mauvaise volonté. Ce propos fut vn peu long, de sorte, qu'ainsi qu'il acheuoit, i'arrivay à la porte d'Isle. Qui fut cause, que ie luy dis, que ie ne luy ferois point de responce pour cette heure, & que nous regardassions à ce qu'il falloit faire. Il me dit, qu'il l'avoit desia monstré au Capitaine Sallevert, & aux Capitaines de gens de pied, qui estoient là. Et apres leur avoir monstré encore une fois : ie fis mettre la main à l'œuure, tant aux Capitaines qu'aux soldats. Il y eut bien quelque Capitaine, qui me dit, qu'il y avoit des soldats qui se faschoient, pource que l'artillerie leur faisoit grand dommage. Ie fus là quelque temps à deviser avec eux; en sorte, qu'il me sembloit, que ie les laissois en bonne volonté. Ie m'en allay de là, passer par où estoit Monsieur d'Andelot, mon frere, pour luy dire, qu'il seroit bon, qu'il commist quelqu'un pour commander à la bande du Capitaine saint André ; pource que luy estoit fort blessé, & ne bougeoit de son logis. Son Lieutenant avoit aussi esté blessé cette nuit là, & son Sergent tué: de sorte, qu'il ne demeuroit plus en cette bande-là pour commander, que son Enseigne ; qui estoit un ieune gentil-homme ; & avec peu d'experience. Il me fit responce, qu'il avoit entendu ; que le Capitaine saint André se portoit assez bien, & qu'il s'en iroit passer par son logis ; & s'il trouvoit, que ledit Capitaine n'y peust vacquer, qu'il y en commettroit vn autre. Nous nous en allasmes ensemble ; car c'estoit aussi mon chemin. Apres avoir parlé audit Capitaine Saint André, il se fit porter en vne chaire, là où estoit ladite bande. Ce iour là, dés le point du iour, qui estoit le septiesme que les ennemis avoient commencé leur batterie, ils commencerent à tirer de plus grande furie, & de plus grand nombre de pierres, qu'ils n'avoient encores fait auparauant : de sorte, qu'il estoit à luger, que ce iour-là ils vouloient faire quelque grand effort. Quand ie fus de retour, où estoit mon quartier, ie pris mon frere & le Sieur de Sainct Remy, les tirant à part; & dis lors audit Saint Remy, que ie le priois, me dire son advis sur l'entreprise, qu'il voyoit que les ennemis faisoient sur nous de leurs mines, & le moyen qu'il y auroit d'y remedier. Il me fit responce, qu'il n'estoit pas à cette heure-là, à y penser: mais qu'il n'y trouvoit vn seul remede; pour autant, qu'estans maistres de nostre fossé, ils pouvoient pied à pied venir gagner nostre parapet; lequel n'avoit que cinq ou six pieds d'espaisseur: & qu'en moins de rien, ils le nous leveroient: & que le rempart demeuroit si estroit, qu'il n'y avoit point de lieu pour se retirer: qu'aussi peu y en avoit-il de se retrencher par le derriere, pource que ledit rempart estoit si haut; qu'il maistriseroit de beaucoup le retrenchement que l'on pourroit faire: & que ie sçavois ce qu'il m'avoit dit un peu auparant, & d'autresfois semblablement. C'estoit qu'il n'avoit iamais mis le pied en une si mauuaise place, Quant aux contremines qu'il avoit commencées; qu'il s'en alloit, pour en fermer deux, & les tenir prestes à y mettre le feu, mais qu'il craignoit que l'une qu'il estimoit la principale, ne fist tomber le reste d'vne tour, & que la ruyne ne fist eschelle à l'ennemy: mais que s'il voyoit, qu'il y eust quelque danger en cela, qu'il n'en prendroit que ce qu'il luy en faudroit pour nous servir. Quand il eut achevé, ie commençay à dire, que ie leur voulois dire une chose, que ie tiendrois comme non dite; pour ce que l'vn estoit mon frere, & l'autre ie l'estimois tant mon amy, que cela ne passeroit point plus avant; C'estoit, que ie me retrouvois en grande peine, d'entendre, qu'il ne se trouvoit point de remede pour rompre le dessein de l'ennemy, & que la chose, que i'avois moins de regret, estoit, de sacrifier ma personne pour le service du Roy & de ma Patrie : & que ie connoissois assez, combien importoit, non seulement les iours, mais les heures, que nous pourrions garder cette place : Mais qu'une chose se presentoit deuant moy, que i'avois ouy dire apres la prise de Teroüeane. C'estoit, qu'apres que Monsieur de Montmorency vit, que les ennemis s'estoient fait maistres du fossé, & qu'ils commencerent à sapper son parapet : voyant, qu'il ne se pouuoit plus trouver de remede pour sauuer la ville ; il devoit chercher de faire quelque honneste composition. A quoy l'on disoit, que les ennemis l'eussent volontiers receu, s'il eust parlé plutost. Adioustant à cela, que l'on voyoit tous les iours ceux mesmesmes qui faisoient bien ; encore trouvoit-on à redire sur eux : & que de moy ie craignois, que l'on me pust imputer, que i'aurois eu bien peu de consideration, de mettre en hazard de perdre la force que i'avois là dedans, qui estoit la principale du Royaume de France pour lors, principalement de gendarmerie; puisque ie me voyois reduit à telle necessité, & que cela eust bien servi à conserver d'autres places & tout le Royaume: Mais que i'avois pensé en une chose: c'estoit, que nous pouvions iuger, qu'apres la furieuse batterie, que faisoient les ennemis, ils voudroient tenter à nous emporter d'assaut. Pourtant qu'il falloit penser à nous bien deffendre; & que, si nous les avions bien battus la premiere fois, qu'apres ils essayeroient de nous emporter à la longue; & quand ie voirois cela, que lors ie pourrois par parlement essayer d'envoyer quelque gentil-homme vers le Roy, pour luy faire entendre mes necessitez, & cependant gagner autant de temps. D'vne chose les voulois-ie bien asseurer, que i'aymois beaucoup mieux mourir, qu'il me sortist une parole de la bouche de quoy ie peusse avoir honte. Que ie connoissois bien veritablement, que i'avois beaucoup de gens de mauvaise volonté; mais qu'il leur falloit faire accroire qu'ils estoient la moitié plus hardis qu'ils ne pensoient. La conclusion de mon propos fut; Vous voyez, comme les ennemis renforcent leur batterie; & est à croire, qu'ils feront auiourd'huy vn grand effort. Ie vous prie, que chacun se prepare de les bien repousser & receuoir cette premiere fois: & puis Dieu nous conseillera ce que nous aurons à faire. Nous nous despartismes, & chacun s'en alla pour donner ordre à ses affaires. Devant que passer plus avant, il faut que ie declare, combien nous avions de breches, & le nombre d'hommes de guerre, que nous pouvions avoir pour les deffendre. La premiere, estoit celle du Capitaine Breul, Capitaine de la place, qui avoit sa bande. La seconde, du Capitaine Humes, Lieutenant du Comte de Haran, avec sa Compagnie. Il faut, que ie porte cét honneur aux Chefs & aux soldats de ladite Compagnie, que ie n'en vis point, tant que le siege dura, qui s'employassent mieux & plus volontiers qu'eux, ny qui monstrassent visage plus asseuré. La troisiesme du Sieur de Cusieux, avec une partie de la Compagnie de Monseigneur le Dauphin. La quatriesme, du Sieur de la Garde, avec autre partie de ladite Compagnie. La bande du Capitaine Saint André estoit departie en trois, à sçavoir avec les Capitaines Humes, Cusieux, & de la Garde. La cinquiesme, estoit la mienne, avec partie de ma Compagnie, & le Capitaine Gordes, avec quelques harquebusiers. La sixiéme, y avoit autre partie de ma Compagnie, & le Capitaine Ramboüillet. La septiéme, Monsieur de Iarnac, auec sa Compagnie, & le Capitaine Bunon, avec ce qu'il pouvoit avoir de sa bande. La huictiéme, les Capitaines Forces, Oger, & Soleil, avec ce qu'ils pouvoient avoir de leurs bandes, & quatorze ou quinze archers, avecque gens d'armes que i'avois baillé à Vaulpergues pour les commander. La neufiesme, Monsieur d'Andelot y estoit avec trente-cinq hommes d'armes, que ie luy avois baillez de toutes Compagnies; & quelques gens de pied & harquebusiers de S. Roman, qui se faisoient bien paroistre entre les autres. La dixiesme, le Capitaine Lignieres, avec ce qu'il pouvoit avoir de sa bande. L'onziesme, le Capitaine Salvert, avec la Compagnie de Monsieur de la Fayette; & les Capitaines la Barre & Saquenville, avec ce qu'ils pouvoient avoir de leurs bandes. Et faut noter, que pour toutes lesdites bréches, ie n'avois point huit cent hommes de guerre pour les deffendre, tant bons que mauvais, entre gens de pied & de cheval: car ie n'y avois point voulu mesler les gens de la Ville, les ayans départis aux autres endroits, afin que si nous eussions esté assaillis par échelles, où il n'auoit point esté fait de batterie, nous euſſions eu gens par tout pour nous deſſendre. Il y avoit eu beaucoup d'hommes tuez, & pluſieurs autres bleſſez ou malades; deſquels ie n'eſtois non plus ſecouru, que s'ils euſſent eſté morts. Ié ſçay bien, qu'en la breche que ie gardois, le Capitaine Gordes y avoir du commencement plus de cinquante Soldats des ſiens. Ie les fis conter le matin dont nous fuſmes aſſaillis l'apreſdinées; il ne s'en trouua plus que dix-ſept. Encor en eus-ie cinq de ceux là tuez en ſentinelle, devant que l'aſſaut ſe donnaſt. Et fus contraint de mander à Monſieur d'Andelot mon frere, qu'il me ſecouruſt de quelque nombre des ſiens; encor qu'il m'en faſchaſt bien; car il eſtoit en lieu, où il en avoit bien affaire pour luy-meſme. Si ne laiſſa-il pas de m'en envoyer ce qu'il pût. I'ay dit cy deſſus, comme les ennemis dés le matin redoubloient fort leur batterie; ce qu'ils continuerent iuſques environ les deux heures apres midy; que nous leur voyons cependant faire tous leurs preparatifs de toutes parts, pour nous venir donner l'assaut. De ma part, i'allois, & envoyois de tous costez, afin qu'un chacun fust prest à les receuoir. Enfin, ie me donnay de garde, que, sans bruit & sans sonner tambour, ie vis trois enseignes au pied de nostre rampart. Lors ie fis presenter un chacun pour combattre. Mais ils ne nous enfoncerent point par mon endroit; & commencerent à couler & à monter file à file à vne tour, qui avoit esté fort battuë de l'artillerie, au coin du quartier du Sieur de la Garde. Quand ie vis, qu'ils prenoient ce chemin là, i'en fus bien aise: Car ils montoient fort malaisément; & si du lieu où i'estois, ie les voyois vn peu par le flanc; & leur faisois tout l'ennuy que ie pouvois, avec trois harquebusiers que i'avois; & pensois veritablement, qu'il fust impossible de nous forcer par cét endroit-là. A la fin ie vis six Enseignes, qui montoient au haut de la tour, & se iettoient à bas: mais ie pensois que ce fust dedans vne trenchée qui estoit devant le parapet, pour estre plus à couvert; iusqu'à ce qu'on me vint dire, que les ennemis forçoient cette bréche-là. Lors ie commençay à me tourner, & dire à ceux qui estoient aupiés de moy, qu'il l'a nous falloit secourir. Et sur cela vint le Sieur de Sarragosse, qui me demanda ce que ie voulois faire, & où ie voulois aller. Ie lúy dis que ie voulois allèr secourir cette bréche que l'on forçoit; & qu'il falloit là tous mourir, & en repousser les Ennemis. Et sur cela ie commençay à descendre du rempart. Il faut sçauoir, que ie n'estois pas loin de la tour par où lesdits Ennemis entrerent: mais il y avoit vne grande traverse, qui m'empeschoit de pouvoir iuger ce qui s'y faisoit. Quand ie fus au pied du rempart, ie fus bien esbahy quand ie vis le drappeau de l'enseigne de la Compagnie de Monseigneur le Dauphin, à l'endroit des

Iacobins, qui s'enfuyoit, & beaucoup de ceux de ladite Compagnie; si encores ils n'estoient devant. Quand i'eus marché huit ou dix pas plus avant, ie vis tout ce quartier-là abandonné, sans qu'il y eust un seul des nostres; mais assez des Ennemis: Ausquels il estoit aisé d'entrer, puisqu'ils ne trouvoient point de resistance. Et pour dire verité, ie vis de toutes parts un chacun s'enfuir; de sorte que ie demeuray accompagné de trois ou quatre seulement; entre lesquels estoit vn page, enueloppé d'ennemis de tous costez. Voyant qu'il n'estoit plus en ma puissance de remedier à ce desordre, & que la Ville estoit perduë, aussi que desja les Ennemis & les Allemands entroient en grande furie: ie taschay de tomber entre les mains d'vn Espagnol, comme ie fis, aimant mieux attendre au lieu où i'estois, la fortune bonne ou mauvaise, que de m'enfuir. Celuy qui me prit, apres m'avoir fait vn peu reposer au pied du rempart, me voulut emmener en leur camp ; & me fit descendre par la breche mesme que ie gardois, par où il n'estoit encore entré vn seul ennemy. De là me fit entrer en une des mines qu'ils avoient faites pour gagner nostre fossé, où ie trouvay à l'entrée le Capitaine Alonye de Cazeres, Maistre de camp des vieilles bandes Espagnolles, où suruint incontinent le Duc de Savoye ; Lequel commanda audit Cazeres, de me mener en sa tente. Quand ie fus monté en haut, ie vis dedans les trenchées, à l'endroit de la breche, que Monsieur d'Andelot, mon frere, gardoit, qu'on s'y combattoit à grande furie : Mais pource que de cét endroit là, ny des autres que ie n'ay point veus, ie n'en pourrois escrire, qu'au dire d'autruy, ie m'en tairay, car aussi bien n'ay-ie deliberé de traitter dés le commencement, que des choses dont ie voulois & pouvois bien respondre. I'en diray une ; que l'Enseigne du Capitaine saint André m'a dite depuis que ie suis prisonnier ; lequel estoit à l'endroit mesme, par lequel les premiers ennemis entrerent. C'est que quand lesdits ennemis se vindrent presenter en cette breche ; tous ceux de la Compagnie de Monseigneur le Dauphin, qui estoient là pour la deffendre, & semblablement tous les soldats de son Capitaine la desemparerent, & s'enfuyent, sans iamais donner un seul coup de picque ny d'espée. Ie diray pour conclusion, que c'est vn grand malheur pour un Gentilhomme, qui est assiegé en une place où toutes choses luy deffaillent, qui luy sont necessaires pour la garder, & principalement deuant les forces d'vn grand Prince, quand il se veut opiniastrer devant ; & mesme quand c'est que l'on a de combattre aussi bien les amis que les ennemis ; comme i'ay eu dedans saint Quentin. Tout le reconfort que i'ay, c'est celuy qui me semble, que tous les Chrestiens doivent prendre ; que tels mysteres ne se ioüent point ſans la permiſſion & volonté de Dieu;laquelle eſt toûjours bonne, ſainte & raiſonnable ; & qui ne fait rien ſans iuſte occaſion : Dont toutesfois ie ne ſçay pas la cauſe, & dont auſſi peu ie me dois enquerir, mais pluſtoſt m'humilier devant luy, en me conformant à ſa volonté. Fait à l'Eſcluſe, le 28 iour de Decembre 1557.

Copie d'vne lettre écrite au Roy, par Monſieur l'Admiral, du camp des Ennemis, eſtant devant Saint Quentin, apres que la place fut perduë.

IRE, I'ay eſté deux iours avec eſperance de pouvoir envoyer à Voſtre Majeſté vn Gentil-homme, pour luy pouvoir rendre conte comme toutes choſes ſont paſſées durant le ſiege de Saint Quentin ; & principalement, comme elle s'eſt perduë. Mais à la

fin ie n'ay pû obtenir ce congé, bien m'a-on permis d'escrire à Vostre Majesté. Ce que ie luy diray donc, c'est que i'ay vn extréme regret, de n'avoir pû satisfaire à la bonne volonté & obligation grande que i'ay de vous faire service. Mais ce qui me reconforte, c'est que Vostre Majesté est si raisonnable, qu'elle se contentera, quand elle sçaura que i'ay fait iusques à la fin ce qui convient faire à vn Gentil-homme de bien & d'honneur.

SIRE, Il est si grand bruit en ce camp, & y en aiant d'apparence, que mon frere d'Andelot s'est sauvé, apres avoir esté pris prisonnier; que cela m'en gardera d'entrer en plusieurs particularitez, desquelles il vous sçaura rendre bon conte, & comme celuy qui y a esté present. Il n'en reste qu'une, de laquelle il seroit malaisé qu'il peust parler. C'est par quelle faute la ville s'est perduë. Vostre Majesté entendra, que les gens de guerre, que i'auois pour la garde de la place, ie les auois despartis, le mieux que i'avois peu, en tous les lieux & endrois, où ie pensois qu'il y pouvoit avoir affaire; & avois donné en garde un endroit à l enseigne de Monseigneur le Dauphin, auquel les ennemis se sont addressez. Et encore que ce fut un des plus malaisez endroits de toutes nos breches: si est ce que par ce lieu seul nous auons esté forcez. Et pour ce que c'estoit à ma main gauche, & assez prest de moy, ayant entendu, que cette bresche forçoit: i'y voulois aller pour la secourir. Mais le combat y fut si court, qu'avant que i'y arrivasse, ie trouuay que ceux qui deuoient deffendre cette bresche l'avoient abbandonnée de plus de cent pas, & s'enfuyoient dedans la ville, ayans desia laissé entrer trois Enseignes d'Espagnols qui estoient plus de cinquante pas dedans la place, desquelles ie fus rencontré, avec six ou sept hommes que i'avois avec moy, & là fus pris prisonnier.

SIRE, il est raisonnable, que ceux qui avoient la charge de cette bresche, soient ouys, & alléguent leurs raisons. Quant à moy de ce que i'en ay veu & conneu, ie vous diray, que i'ay opinion, que s'ils se fussent là aussi bien opiniastrez à la deffendre, comme firent generalement tous les autres endrois, ie serois encore dedans saint Quentin à vous y faire seruice. I'ay un grand creue-cœur, de penser que nous ayons esté forcez par l'un des plus forts endroits, quasi sans combattre, & mesme que des autres bréches les ennemis en estoient en partie repoussez, & que nos gens y furent pris par derriere. Et pour ne dérober point l'honneur à qui il appartiēt, il faut que ie die, qu'en trois bréches, l'une du costé du bourg d'Isle, où estoit la Compagnie de Monsieur de la Fayette, la seconde où estoit mon frere, & la troisiesme où estoit le Capitaine Soleil & Forces, ils combattoient encor à leurs bresches, qu'il y avoit prés d'une heure que les ennemis avoient gagné la place.

SIRE, Ie ne sçay encor où ie dois aller: car il ne m'en a esté rien dit. Quelque part que ce soit, ie supplie Vostre Majesté que ie ne sois éloigné de sa bonne grace. A laquelle aprés m'estre tres-humblement recommandé, ie prie nostre Seigneur, SIRE, qu'il luy donne en tres-parfaite sant tres-heureuse & tres-longue vie. Du camp devant S. Quentin, ce 30 iour d'Aoust 1557.

Vostre tres-humble & tres-obeïssant serviteur & subjet

CHASTILLON.

Copie

Copie de ce que Monsieur l'Admiral à donné à Francisque Dias, pour declarer de qui il estoit prisonnier, suiuant la requisition qui luy en fut faite par ledit Francisque Dias.

MOy Gaspard de Colligny, Seigneur de Chastillon, & Admiral de France; ayant esté requis d'un Soldat Espagnol, qui m'a dit avoir nom Francisque Dias; & qui a acertainé par plusieurs autres dignes de foy, dire & declarer, de qui, quand & où je fus prisonnier en la Ville de Saint Quentin, je l'ay bien voulu rediger par escrit, & passer les choses veritablement ainsi qu'il s'ensuit. A sçavoir, que le jour que ladite Ville fut emportée d'assaut, il y eust trois Enseignes d'Espagnols, qui vinrent assaillir une bresche, qui estoit à la main gauche de celle que je gardois;

M

Et pource que l'on me vint dire que lesdites Enseignes Espagnoles forçoient cette bresche ; ie me deliberay avec un nombre de ceux que i'avois avec moy de l'aller secourir; Mais en y allant, ie vis ladite bresche abandonnée de ceux que i'avois commis pour la garder ; & lesdites Enseignes Espagnoles déja bien avant dans la Ville. Aussi vis-je, tant que ma veuë se pouvoit estendre, tirant à la platte forme du moulin à vent, les autres bresches abandonnées ; & les Ennemis y entrer à grande furie, sans qu'ils y trouvassent aucune resistance ; pource que de toutes parts ceux qui les devoient garder s'enfuirent dedans la Ville. Aussi moy fus-je abandonné de tous ceux qui estoient auprés de moy, reservé d'un jeune Gentil-homme que i'ay nourry Page, & d'un Valet de chambre, qui sont encores presentement prisonniers avec moy ; & d'un Page qui s'en est retourné en France. Et encor qu'il n'estoit plus en ma puissance de remedier à ce desordre, si aimai-je mieux attendre la fortune, telle qu'il plairoit à Dieu de me l'envoyer, que de m'enfuir. Et sur tout, je regardois, si de plusieurs qui passoient bien prés de moy, j'en verrois quelqu'un d'apparence à qui je me peusse rendre ; & sur tout qui fut Espagnol, pource que j'aymois mieux tomber entre leurs mains que des autres Nations ; Mais tous sans s'arrester passoient outre, sinon Francisque Dias, auquel un de ceux qui estoit avec moy, dit que j'estois l'Admiral. Lors il s'addressa à moy, & tira quelques coups d'espée. Puis me demanda s'il estoit vray que je fusse l'Admiral ; je luy dis qu'oüy, lors il cessa de me plus charger. A l'heure mesme survint un arquebusier, ayant le feu sur le serpentin, qui faisoit contenance de me vouloir tirer ; mais je m'en parois avec une picque le mieux que je pouvois ; Aussi faisoit ledit Francisque Dias avec son espée, qui eurent plusieurs paroles ensemble; desquelles ie ne me resouviens pas, sinon qu'il me resouvient que ledit herquebusier disoit ces mots; A la part, à la part; Lors ie leur dis qu'ils n'entrassent point en question, & que i'estois bien suffisant pour les bien contenter tous deux. Adonc ils cesserent toutes paroles qu'ils avoient ensemble; mais ie ne puis dire quel accord ils firent ensemble. Apres ledit Francisque Dias me demanda, si ces deux qui estoient avec moy, estoient Cavaliers. Ie luy dis qu'ils estoient Gentils hommes, & à moy, & le Page aussi. Lors il leur dit qu'ils se tinssent prés de moy, & qu'ils ne m'abandonnassent point. Et demanda à l'un deux qu'il luy enseignast quelque bonne maison & riche en la ville où il put aller. Ie luy dis qu'il me sembloit, qu'il avoit fait assez bon butin de me prendre, sans se vouloir amuser à autre chose. Il me demanda que ie voulois faire. Ie luy dis que ie voyois les Allemands qui commençoient à entrer ; & que ie priois de m'oster hors de leur chemin. Lors il m'osta l'espée que i'avois à mon costé, & me fit asseoir au pied du rampart ; & incontinent apres vint à moy, & me dit que ie le suivisse, & qu'il me meneroit en lieu de seureté. Lors il monta sur la bresche mesme que ie gardois, par laquelle nul Ennemy n'estoit encore entré dedans la Ville, & par là il me fit descendre dedans le fossé, m'aydant à descendre. Quand nous fusmes au fond dudit fossé, & prés de l'entrée d'une mine qu'on avoit faite, survindrent deux ou trois ; l'un desquels faisoit semblant de me vouloir prendre, avec lequel ledit Francisque Dias eust de grandes paroles, mais ie ne sçaurois dire quelles. Il me fit entrer en cette mine, à l'entrée de laquelle ie trouvay le Mestre de Camp Cazeres, avec lequel ledit Francisque Dias parla ; Et tantost apres y arriva Monsieur de Savoye, accompagné de quelque nombre de Gentils-hommes auquel on dit que i'estois l'Admiral, & s'approchant de moy, me haussa la veuë de la bourguignote que i'avois, & me regarda, & me dit que ie n'estois point l'Admiral; Ie luy dis qu'il n'y avoit pas si long-temps qu'il m'avoit veu, qu'il ne me pût bien reconnoistre. Lors un des Gentils-hommes qui le suivoit s'approchant luy dit, qu'il me pensoit reconnoistre: & mesme luy monstray une chaisne que ie portois, où pendoit S. Michel, lors il passa outre, & me mit entre les mains dudit Mestre de Camp Cazeres, qui me mena en sa tante. Et afin que foy soit adjoustée à ce que dessus, & que ledit Francisque Dias s'en puisse servir quand besoin sera, & où il appartiendra, i'ay signé ce present escrit de ma main. Au Chasteau de Gand, ce dernier iour de Mars 1558. avant Pasques. CHASTILLON.

FIN.

IMPR.

www.ingramcontent.com/pod-product-compliance
Ingram Content Group UK Ltd.
Pitfield, Milton Keynes, MK11 3LW, UK
UKHW020556230726
13926UKWH00005B/2057